Jürgen Autenrieth
Annegret Müller-Bächtle
Alexander Schulz
Rainer Fieselmann

So schmeckt die Alb

Jürgen Autenrieth
Annegret Müller-Bächtle
Alexander Schulz
Rainer Fieselmann

So schmeckt die Alb

Kochen mit feinen Zutaten aus dem *Biosphärengebiet*

Silberburg-Verlag

1. Auflage 2012

© 2012 by Silberburg-Verlag GmbH,
Schönbuchstraße 48, D-72074 Tübingen.
Alle Rechte vorbehalten.
Umschlaggestaltung:
Christoph Wöhler, Tübingen,
unter Verwendung von Fotografien
von Rainer Fieselmann.
Druck: Gulde-Druck, Tübingen.
Printed in Germany.

ISBN 978-3-8425-1195-8

Besuchen Sie uns im Internet
und entdecken Sie die Vielfalt
unseres Verlagsprogramms:
www.silberburg.de

Inhalt

Zum Geleit 8
Liebe Leserinnen und Leser 9

Eichberghof Maier, Münsingen 10

Schabzigerklee *Trigonella caerulea, Trigonella melilotus-caerulea* 12
Ysop *Hyssopus officinalis* 13

Getreidemühle Luz, Buttenhausen 22

Wacholder *Juniperus communis* 24

Kornbauer Glück, Meidelstetten 32

Wiesenbärenklau *Heracleum sphondylium* 34

Demeterhof Kloker, Bremelau 38

Pastinake *Pastinaca sativa* 40
Petersilienwurzel *Petroselium crispum* 43
Topinambur *Helianthus tuberosus* 44

Ehestetter Champignons 56

Huflattich *Tussilago farfara* 58
Kriechender Günsel *Ajuga reptans* 60

Schäfer Stotz, Münsingen 68

Engelwurz *Angelica archangelica oder Angelica sylvestris* 70
Wegwarte *Cichorium intybus* 72

Geflügelhof Gerd Vöhringer, Steingebronn 80

Guter Heinrich *Chenopodium bonus-henricus* 82
Feldthymian *Thymus serphyllum* 83

Forellenzucht Honau 90

Beifuß *Artemisia vulgaris* 93
Melde *Atriplex hortensis* 94
Pimpinelle *Sanguisorba minor* 96

Bauernhof Schmid, Bremelau 102

Steinklee *Melilotus officinalis* 104

Altschulzenhof, Münzdorf 108

Mädesüß *Filipendula ulmaria* 110

INHALTSVERZEICHNIS

Hohensteiner Hofkäserei, Ödenwaldstetten   116

Salbei *Salvia pratensis*   119

Lautertal-Eis, Indelhausen   122

Zitronenmelisse *Melissa officinalis*   125

Berg Brauerei, Ehingen   128

Hopfen *Humulus lupulus*   131

Dolde Wein, Linsenhofen   134

Ananassalbei *Salvia rutilans*   136

Soßen und Vinaigrettes   142

Anhang   148

Zum Geleit

Herzlichen Glückwunsch! Sie haben sich für das besondere Gourmet-Kochbuch mit ausgesuchten, delikaten Rezepten entschieden. Sie werden überrascht sein – die Produkte der Erzeuger aus dem Biosphärengebiet präsentieren Ihnen Geschmackserlebnisse, wie Sie sie zuvor noch nicht erlebt haben! Das Geheimnis der neuartigen Geschmackserlebnisse liegt in der phantasievollen Kombination regionaler Produkte sowie in der liebevollen Zubereitung der Zutaten. Pfiffige Ideen von Leuten vom Land werden zum bisher nicht gekannten Genuss-Erlebnis. Begeben Sie sich also auf die kulinarische Entdeckungstour. Lernen Sie beim Einkauf albtypischer und hochwertiger Gerichte und Zutaten die bäuerlichen Erzeuger und Gastronomen kennen, die mit schwäbischem Fleiß und viel Wissen um traditionelle Herstellung aus Bewährtem neue Geschmackserlebnisse schaffen. Erleben Sie die einzigartige Landschaft der Alb mit ihren vielfältigen Produkten. Mit Ihrem Einkauf unterstützen Sie die Erzeuger-Betriebe und helfen mit, das kostbare Naturerbe im Biosphärengebiet zu bewahren und zu erschließen.

Entdecken Sie also die Genussregion Biosphärengebiet Schwäbische Alb mit all ihrer Vielfalt an unverwechselbaren Köstlichkeiten. Es kann nicht ausgeschlossen werden, dass eines Tages das eine oder andere Gericht dieses Gourmet-Kochbuches zu Ihrem Lieblings-Gericht werden wird.

Ich wünsche Ihnen viel Spaß mit diesem Kochbuch, und dass Ihnen alle Gerichte gelingen mögen.

Gebhard Aierstock
Vorsitzender Kreisbauernverband

EINFÜHRUNG

Liebe Leserinnen und Leser

Wir möchten Ihnen mit unserem zweiten, Ihnen nun vorliegendem Kochbuch eine weitere Seite unserer Region mit dem neu entstandenen Biosphärengebiet mitten auf der Albhochfläche und den angrenzenden Landkreisen vorstellen.

Wir haben 14 Betriebe besucht, die den »Gasthof Herrmann« mit besonderen Lebensmitteln und Getränken beliefern. Wir haben diese Erzeuger gefragt, was ihnen am Herzen liegt und was ihnen bei der Herstellung ihrer Produkte wichtig ist. Wir haben auch erfahren, wie viel Spaß, Freude und Befriedigung alle von ihnen aus ihrer Arbeit und der Herstellung von hochwertigen Lebensmitteln ziehen.

Wir möchten Ihnen diese Menschen mit ihren Produkten vorstellen und Ihnen unsere hohe Wertschätzung diesen Menschen gegenüber nahebringen. Es sind ganz persönliche Berichte, Beschreibungen und in den Bildern eingefangene Momente entstanden. Diese Menschen produzieren »Lebens«-Mittel für uns alle, diese möchten wir Ihnen zeigen und sie schmecken lassen.

Verbunden sind diese Lebensmittel mit bekannten und weniger bekannten Pflanzen zu neuen Rezepten, die sicherlich neue Geschmacksvarianten und Genussmomente bringen. Wir laden Sie ein, diese Region zu besuchen. Ihre Vielfalt an Pflanzen auf einer Kräuterwanderung kennenzulernen und die hier vorgestellten Menschen mit ihren Lebensmitteln schmeckend und sehend zu erfahren.

Annegret Müller-Bächtle
Jürgen Autenrieth
Alexander Schulz

[Eichberghof Maier, Münsingen]

In den Jahren 1961/62 wurde der Aussiedlerhof auf einer Anhöhe südlich von Münsingen gebaut. 1984 übernahm Hannelore Maier den Hof von ihren Eltern. Sie ist Landwirtin und ländliche Hauswirtschaftsmeisterin. Seit 2005 wird der Hof, auf dem heute vier Generationen zusammenleben, nach Bioland-Richtlinien bewirtschaftet und von den Töchtern Karin und Christine weitergeführt.

EICHBERGHOF MAIER

Selbstverständlich werden die Tiere des Hofes artgerecht mit viel Tageslicht in den Stallungen und Weidegang gehalten. So erleben die Legehennen und Pferde intensiv den Wechsel der Jahreszeiten, was sie leistungsstark und ausgeglichen macht. Besonders die Hühner sind begeistert vom Auslauf und dem sehr guten, eigen hergestellten Futter, was sich direkt in der hohen Qualität ihrer Eier widerspiegelt.

Als weiteres Standbein des Hofes sind die Maiers 2009 in den professionellen Kräuteranbau eingestiegen. In Reihenkultur bauen sie Wild- und Gewürzkräuter für regionale Verwender und Vermarkter an. Diese sind im Verein Kräuterland-Alb e. V. organisiert und bilden ein gut funktionierendes Netzwerk. Zusammen entwickeln die Schwestern Kräutertees und Kräuteressig, die sie neben den Eiern und Nudeln im eigenen Hofladen ebenso verkaufen wie regionale Erzeugnisse aus biologischem Anbau von persönlich bekannten Kollegen. Die Wildkräuter sammeln sie auf den hofeigenen, kräuterreichen Wiesen. Zwischen dem ersten und dem zweiten Grasschnitt wächst genug für Wildkräutersalate, die in der Gastronomie großen Anklang finden.

Die Arbeit nicht als tägliche Last zu empfinden, sondern als Quelle von Freude – dies könnte das Motto der Maiers lauten. Der Erhalt der bäuerlichen Strukturen, der Arten- und Pflanzenvielfalt durch die biologische Bewirtschaftung und auch die weitere Wiederansiedelung von verschwundenen Pflanzen und Kräutern ist ihnen besonders wichtig. Die Wertschöpfung im eigenen Betrieb wird großgeschrieben. Deshalb wird das Futter für die Tiere in der betriebseigenen Mahl- und Mischanlage selbst hergestellt. Was nicht vom eigenen Feld kommt, wird von Bioland-Landwirten in nächster Nähe zugekauft.

Zwischen den duftenden und blühenden Kräutern zu hacken, ist für Karin und Christine Maier nicht nur Arbeit, sondern auch ein sinnliches Erlebnis für Nase und Auge. Manche Mühe wird durch Kräuterduft und den herrlichen Blick über Münsingen entschädigt. »Unsere Kräuter schätzen den steinigen Boden genauso wie wir«, sagt Christine Maier, »sie wachsen und gedeihen gut auf der rauen Alb.«

Eichberghof Maier
*Eichberghof 1,
72525 Münsingen,
Telefon (0 73 81) 27 95
www.eichberghof-alb.de*

Karin Maier zwischen Wermut und Ysop.

[Schabzigerklee]
Trigonella caerulea, Trigonella melilotus-caerulea

auch Brotklee, Blauklee, Ziegerklee, Zigeunerkraut, Bisamklee, Blauer Steinklee genannt

Saison: Sommer bis zum frühen Herbst

Botanik und Fundort: Schabzigerklee kommt ursprünglich aus dem östlichen Mittelmeerraum und dem Kaukasus. Er wächst auf kalkreichen Böden und wird als einjährige Pflanze von den Landwirten und Gärtnern ausgesät. Er gehört zur Familie der Schmetterlingsblütler (Fabaceae). Die kleeähnliche Pflanze mit ihren hellblauen Blüten ist verwandt mit dem Bockshornklee, der eine wichtige Heilpflanze ist und als Gewürzbestandteil in Currymischungen enthalten ist.

Inhaltsstoffe und Heilwirkung: Die Samen von Schabzigerklee enthalten (ebenso wie die des Bockshornklees) Diosgenin-Glycoside. Außerdem enthält er Brenztraubensäure und einige andere Inhaltsstoffe, die für den typischen Geschmack des Schabzigerklees verantwortlich sind. Er wirkt appetitanregend und verdauungsanregend.

Verwendete Pflanzenteile: Geerntet wird zur Blütezeit im Sommer die ganze oberirdische Pflanze, die dann getrocknet und fein vermahlen wird und ausschließlich zum Würzen von Speisen dient. Die frischen Blätter und Blüten lassen sich auch im Salat verwenden.

TIPP: *In der Schweiz wird Schabzigerklee zur Herstellung des sehr aromatischen Schabzigerkäses verwendet. In Südtirol verwendet man ihn unter dem Namen Zigeunerkraut als typisches Brotgewürz für das Vinschgauer Fladenbrot, Schüttelbrot und Roggenbrot.*

[Ysop] *Hyssopus officinalis*

auch Josefskraut, Ispenkraut, Bienenkraut genannt

Saison: Mai bis September

Botanik und Fundort: Ysop ist eine mehrjährige Staude, die zirka 60 Zentimeter hoch wird. Er gehört zur Familie der Lippenblütler (Lamiaceae). Ursprünglich ist die Blütenfarbe Blau, es gibt aber auch sehr dekorativ aussehende rosa und weißblühende Sorten in den Staudengärtnereien zu finden. Ysop wächst in sonnigen Lagen auf allen Böden, bevorzugt mit Kalkanteil. In Weinbergen gepflanzt, verstärkt er die Reben und erhöht deren Erträge. Im Gemüsegarten soll der Duft den Befall von Kohlweißlingen eindämmen.

Inhaltsstoffe und Heilwirkung: Ysop enthält Gerbstoffe, Bitterstoffe, Hyssopin, Harze, ätherische Öle, Sitosterin und Ursolsäure. Seine Inhaltsstoffe wirken schleimlösend, blutdrucksteigernd, schweißhemmend, antibiotisch und allgemein anregend auf den Körper. Deshalb verwendet man den Ysop in der Küche gerne als verdauungsförderndes und anregendes Gewürz in allen Gemüse- und Fleischgerichten. Auch bei Husten, Rheuma, Nachtschweiß, Melancholie und Nervenschwäche wird Ysop gerne eingesetzt.

Verwendete Pflanzenteile: Verwendet wird das Kraut und auch die blühenden Triebe in der Zeit von Mai bis September.

Gesundheitsrezepte: Für einen *Ysoptee* 2 Teelöffel des getrockneten Krautes mit 250 ml Wasser zunächst kalt ansetzen und etwas ziehen lassen, anschließend kurz aufkochen und dann abseihen. Durch die antibiotischen Inhaltsstoffe lässt sich der Tee auch bei entzündeten Hauterkrankungen äußerlich anwenden, auch um den Juckreiz zu lindern. Das ätherische Öl wirkt sowohl in der Duftlampe als auch als Badezusatz nervenstärkend, stimmungsaufhellend und lindert Hustenreiz.

Aus dem Volksglauben: Die Legende erzählt, dass der Essigschwamm, der Jesus am Kreuze hängend gereicht wurde, auf einem Ysopstängel steckte. Deshalb galt Ysop als heiliges Sträuchlein. Ysop wurde auch als Weihwasserwedel verwendet und galt als Pflanze der Demut. König David soll gesagt haben: »Entsündigt mich mit Ysop.« Vermischt mit Honig, Kümmel und Salz, wurde aus Ysop eine Heilsalbe hergestellt, die nach gefährlichen Tierbissen das Gift aus dem Körper ziehen sollte.

Rote-Bete-Carpaccio mit Wildkräutersalat an Elstar-Feigen-Vinaigrette mit gebackenem Ziegenfrischkäse

Zutaten für 5 Personen

Für das Carpaccio:
- 2–3 Rote Bete
- Salz, Kümmel

Für den Wildkräutersalat:
- 250 g Wildkräutersalat (zum Beispiel Löwenzahn, Brunnenkresse, Wildrauke, Wildkresse, Breit- und Spitzwegerich, Frauenmantel, Schafgarbe) und Blüten (zum Beispiel von Kapuzinerkresse, Studentenblume, Veilchen, Stiefmütterchen)

Für den gebackenen Ziegenfrischkäse:
- 250 g Ziegenfrischkäse
- 1 kleingehackte Knoblauchzehe
- 4 Scheiben Dinkeltoast
- 50 g frische Wildkräuter
- 50 g Dinkelmehl
- 4 Eier
- Salz, Pfeffer
- 1 kg Fett zum Ausbacken

Für die Elstar-Feigen-Vinaigrette:
- 1 Elstar-Apfel
- 4 Feigen
- 50 ml Apfelsaft
- 100 ml Gemüsebrühe
- ½ TL Quittengelee
- 2 EL Apfelessig
- 5 EL Raps- oder Sonnenblumenöl
- Salz, Pfeffer

Zubereitung

1. Rote Bete waschen, mit Salz und Kümmel zirka 30 Minuten weich kochen, anschließend schälen.

2. In der Zwischenzeit Wildkräutersalat von den Stielen zupfen, waschen und schleudern.

3. Ziegenfrischkäse mit Knoblauch, Salz und Pfeffer abschmecken. Mit einem Eisportionierer kleine Kugeln formen und kurz tiefkühlen.

4. Toastbrot und 50 g Wildkräuter in einer Moulinette klein mixen. 6–8 dünne Rote-Bete-Scheiben auf den Teller legen.

5. Wenn der Ziegenfrischkäse etwas angefroren ist, diesen zunächst in Mehl, Ei und in der Brot-Kräuter-Panade wenden, dann zweimal in Ei und der Brot-Kräuter-Panade. Anschließend in 180° C heißem Fett 2–3 Minuten goldbraun frittieren.

6. Apfel waschen, schälen und entkernen. Feigen waschen, schälen und klein schneiden. Die restlichen Zutaten nach und nach zugeben, mit einem Pürierstab mixen und abschmecken.

7. Wildkräutersalat auf der Roten Bete ausrichten, Vinaigrette über den Salat träufeln.

Chili-Wildkräuter-Espuma mit Croûtons

Zutaten für 5 Personen

250 g	Wildkräuter der Saison (Knoblauchrauke, Löwenzahn, Brunnenkresse, Wildrauke, Wildkresse, Breit- und Spitzwegerich, Frauenmantel, Schafgarbe)
1	Zwiebel
1/4	Knollensellerie
	das Grüne von 1/4 Stange Lauch
1	Chilischote
50 g	Margarine
25 g	Mehl
1 l	Gemüsebrühe
200 ml	Sahne
1 EL	Crème fraîche
2	Scheiben Dinkeltoast
20 g	Butter
	Salz, Pfeffer, Muskat

Zubereitung

1. Wildkräuter waschen, Blätter und Blüten vom Stiel zupfen. Zwiebel, Sellerie und Lauch in nussgroße Stücke schneiden. Chilischote halbieren, entkernen und klein schneiden. Wildkräuter, Zwiebel, Sellerie, Lauch und die Chilischote in Margarine anschwitzen. Mit Salz, Pfeffer und Muskat würzen.

2. Das Mehl dazugeben und etwas ansetzen lassen, anschließend mit etwas Gemüsebrühe ablöschen und auffüllen. Sahne und Crème fraîche dazugeben. Bei mittlerer Hitze immer wieder rühren, aufkochen lassen. Mit einem Pürierstab mixen und durch ein gröberes Spitzsieb passieren. Noch einmal aufkochen lassen und abschmecken – eventuell ein paar Butterflocken einrühren.

3. Die Rinde des Dinkeltoasts wegschneiden und den Toast in zirka 5 Millimeter dicke Würfel schneiden, danach die Croûtons in einer heißen Pfanne in Butter goldbraun anbraten.

4. Zum Anrichten als Espuma die heiße Suppe in einen Siphon abfüllen, eine Kapsel aufsetzen, einmal schütteln und auf einen Teller sprühen. Alternativ die Suppe mit einem Pürierstab schaumig aufmixen. Mit etwas geschlagener Sahne, frischen Kräutern und Blüten garnieren.

Schabzigerspätzle

Zutaten für 5 Personen

- 5 Eier
- 300 g Mehl, halb Dinkel- und Weizenmehl
- 2–3 Messerspitzen gemahlener Schabzigerklee
- etwas Butter
- Salz, Muskat

Zubereitung

1. Die Eier aufschlagen und das Mehl einrühren. Schabzigerklee, Salz und Muskat dazugeben. Den Teig in der Rührmaschine so lange schlagen, bis er Blasen wirft.

2. Die Spätzle in kochendes Wasser schaben oder mit der Presse durchdrücken. Kurz aufkochen lassen und in kaltem Wasser abschrecken. Die abgetropften Spätzle in einer Pfanne in Butter anschwenken und mit Salz würzen. Zum Schluss noch ein paar frische Schabzigerblätter daruntermengen.

Landgockelfrikassee
mit Karotten, jungen Erbsen
und Ysop

Zutaten für 5 Personen

- 1 Landgockel
- 1 Zwiebel
- 1 Lorbeerblatt
- 1 Nelke
- 80 g Zwiebelwürfel
- 60 g Butter
- 50 g Mehl
- 0,15 l trockener Weißwein
- 0,3 l Sahne
- 150 g Zuckerschoten
- 150 g Karotten
- Zitronensaft
- 25 Ysopblätter
- Salz

Zubereitung

1. Landgockel in heißem Salzwasser mit der mit Lorbeerblatt und Nelken gespickten Zwiebel zirka 1,5 Stunden weich köcheln lassen. Danach das Fleisch von den Knochen entfernen und klein schneiden.

2. Zwiebelwürfel in Butter andünsten mit Mehl bestäuben und mit Weißwein ablöschen. Mit zirka 1 l von dem Geflügelfond auffüllen und die Sahne dazugeben. 5 Minuten köcheln lassen, mixen und passieren.

3. Zuckerschoten und Karotten blanchieren und kurz mit kaltem Wasser abschrecken. Das klein geschnittene Gockelfleisch gemeinsam mit dem Gemüse in die Soße geben. Mit Salz und Zitronensaft abschmecken und die klein gezupften Ysopblätter dazugeben.

[Getreidemühle Luz, Buttenhausen]

Schon in dritter Generation wird die Getreidemühle Luz in Buttenhausen betrieben. Wir treffen an den Walzenstühlen den Müllermeister Thomas Manz, der – so alles gut geht – die Mühle von Erwin Luz übernehmen wird.

Die Mühle selbst steht seit 1520 als Wassermühle an der Lauter. Nach einem Brand in den 1930er-Jahren wurde sie wieder aufgebaut und ans öffentliche Stromnetz angeschlossen. Heutzutage, bedingt durch Wassermangel und zu wenig Gefälle,

GETREIDEMÜHLE LUZ

hat der Wasserstrom lediglich einen Anteil von zirka zehn Prozent am gesamten Strombedarf.

Für den Müller ist es wichtig, dass das Getreide, das er verarbeitet, zu hundert Prozent aus der Region kommt. Das Mehl wiederum verkauft er in der Region. »Der Mensch kauft, was er wachsen sieht und kennt«, sagt er. In diesem Sinne arbeitet auch die Erzeugergemeinschaft Albkorn, deren Mitglied die Mühle Luz, neun Bäckereien, die Berg Brauerei und etliche Landwirte sind. Die Wege sind kurz, was die Qualität des Getreides fördert und die Umwelt schont. In einem Umkreis von maximal 50 Kilometern um die Mühle Luz wird auf 250 Hektar Weizen, Roggen und Dinkel angebaut. Auf zirka 60 Hektar wächst Braugerste für die Berg Brauerei in Berg bei Ehingen. Das Getreide wird in integriertem, kontrolliertem Anbau frei von Gentechnik nach den Richtlinien des Qualitätszeichens Baden-Württemberg angebaut.

Wenn das Mehl die Mühle in Buttenhausen verlässt, wird es von vielen Bäckereien in der Region zu Backwerk verarbeitet. In vielen Einzelhandelsgeschäften rund um Buttenhausen sind die Produkte der Mühle zu finden und auch im eigenen, neu gestalteten Mühlenladen. Hier finden sich auch viele sogenannte Schälprodukte: Flocken, Müslimischungen und Backzutaten, die aus der Schälmühle Künkele in Ulm kommen.

Prüfung der Mehlqualität.

Getreidemühle Luz
*Erwin Luz,
Mühlsteige 12,
72525 Münsingen-Buttenhausen
Telefon (0 73 83) 12 61
www.luzmuehle.de*

**Dinkelfeld auf der
Schwäbischen Alb.**

[Wacholder] *Juniperus communis*

auch Kranewittbaum, Feuerbaum, Gichtbaum, Weihrauchbaum genannt

Saison: Die Nadeln werden im Frühjahr, die Rinde eher im Herbst geerntet wie auch die Beeren, von denen immer mehrere Jahrgänge an der Pflanze hängen. Die zunächst grauen Beeren erhalten erst im Laufe von zwei bis drei Jahren ihre typische schwarze Farbe.

Botanik und Fundort: Wacholder gehört zur Familie der Zypressengewächse (Cypressacea) und ist ein immergrüner, zweihäusiger Baum, der maximal zwei Meter Höhe erreichen kann. Er steht bevorzugt auf sonnigen Plätzen und findet sich überall auf den Kalkmagerrasenflächen der Schwäbischen Alb, auf den sogenannten Wacholderheiden. Er gehört zu den geschützten Pflanzen und darf deshalb nicht wild gesammelt werden.

Inhaltsstoffe und Heilwirkung: Wacholder enthält ätherisches Öl, Harze, Eiweiße, Wachse und den Bitterstoff Juniperin. Er wirkt nierenanregend, magenstärkend, entgiftend, harntreibend, blutreinigend und schleimlösend. Außerdem kann er die Schweißbildung anregen und die Nerven stärken. Die Beeren werden als Gewürz zum Sauerkraut, für Fleischgerichte und für Soßen verwendet. Sie wirken verdauungsfördernd und machen die Speisen bekömmlicher. Wacholderkuren mit den Beeren in aufsteigenden Mengen sollte man nur mit gesunden Nieren durchführen. Hierbei beginnt man mit einer Beere pro Tag, die im Ganzen gekaut wird. Jeden Tag nimmt man nun eine weitere Beere zu sich, bis zu 15 Stück am 15. Tag. Dann wieder in absteigender Menge, bis zu einer Beere pro Tag. Diese Kur entgiftet und regt den Stoffwechsel an.

Verwendete Pflanzenteile: Vor allem die schwarzen Beeren, aber auch Nadeln und Rinde werden zu Heilzwecken verwendet. Schwangere sollten auf Wacholder verzichten (auch als Massageöl). Die Inhaltsstoffe reizen das Nierengewebe und können zu Problemen führen.

Gesundheitsrezepte: Aus den Beeren oder der ganzen Pflanze lässt sich ein sehr aromatisches *Wacholderöl* destillieren, das als Massageöl sehr stark erwärmend und entzündungshemmend wirkt. In der Duftlampe oder beim Räuchern entfalten sich desinfizierende Dämpfe, die stark reinigend wirken. Bei

Harnwegsinfekten kann man mit einem *Wacholdertee* aus den Beeren eine harntreibende und desinfizierende Durchspülungstherapie machen. Dafür 1 TL Beeren mit 250 ml kochendem Wasser übergießen und 5 Minuten ziehen lassen. Maximal 3 Tassen am Tag trinken. Bei Ödemen und Wassereinlagerungen kann dieser Tee wasseraustreibend wirken. Für *Wacholderwein* 1 l Weißwein zusammen mit 100 g Wacholderbeeren und 150 g Honig langsam erhitzen. Der Honig sollte sich auflösen. Der Wein darf nicht kochen. Abkühlen lassen und mindestens einen Tag an einem kühlen Ort ziehen lassen. Abseihen und pro Tag ein Likörgläschen zur Belebung trinken. Bitte im Kühlschrank aufbewahren.

Aus dem Volksglauben: Wenn kleine Kinder krank waren, suchte man einen Wacholderbusch auf und sprach: »Ihr Hollen und Hollinen, hier bring ich euch etwas zu spinnen und zu essen, und meines Kindes vergessen.« Dann legte man Wolle und Brot unter den Busch, um den Geistern des Wacholders ein Opfer zu bringen. Doch dem nicht genug: Unter dem Wacholder sollen auch die Schlüssel zu Schätzen verborgen liegen. Beim Hausbau wurde Wacholder unters Fundament gelegt, um den Neid der Nachbarn nicht zu erregen. Nicht nur zur Vertreibung des Teufels wurde Wacholder geräuchert, auch die Stuben, in denen Menschen gestorben waren, wurden ausgeräuchert. Warzen und Hühneraugen sollte der Wacholder beim Besprechen vertreiben.

Vesperbrot mit Dost

Zutaten für 8 Brote

1,9 kg	*Brotmehl Typ 1050*
1	*Würfel Hefe (42 g)*
15 g	*Salz*
1,2 l	*Wasser*
	etwas Dost

Zubereitung

1. Alle Zutaten zu einem Teig kneten. Bei Zimmertemperatur 3 bis 4 Stunden gehen lassen. Brotlaibe à 400 g formen. 15 Minuten ruhen lassen, mit Wasser bepinseln. 15 Minuten bei 250 °C im vorgeheizten Backofen backen. Herausnehmen und wieder mit Wasser bepinseln. Noch einmal bei 200 °C 15 Minuten backen.

Wacholderweckle mit Sesam

Zutaten für 45 Weckle

850 g	Mehl Typ 405
25 g	Margarine
25 g	Honig
1	Würfel Hefe (42 g)
400 ml	Wasser
10	geschrotete Wacholderbeeren (am besten in einer Moulinette klein mixen)
10 g	Sesam zum Bestreuen
15 g	Salz

Zubereitung

1. Mehl, Margarine, Honig, Hefe, Wasser, Wacholderbeeren und Salz zu einem Teig kneten. Mit einem Teigschaber ein Stück abtrennen, dieses mit beiden Händen zu einem Strang rollen. Daraus etwa walnussgroße Stücke abtrennen und mit der Handfläche auf dem Tisch abrollen. Die Weckle auf ein mit Backpapier ausgelegtes Blech setzen, mit Wasser bepinseln und mit Sesam bestreuen. Die Weckle im Backofen 10 Minuten bei 30 °C gehen lassen, anschließend 20 Minuten bei 180 °C goldbraun backen.

GETREIDEMÜHLE LUZ

■ Griebenschmalz

Zutaten

500 g	Rückenspeck vom Schwein
100 g	Zwiebeln
100 g	Äpfel
50 ml	Wasser
1 EL	Salz
	Pfeffer

Zubereitung

1. Speck, Zwiebeln und Äpfel durch den Fleischwolf mit einer groben Scheibe drehen, Salz, Pfeffer und Wasser dazugeben.
2. In einem Topf mindestens 30 Minuten bei mittlerer Hitze kochen lassen. Vom Herd nehmen und etwas auskühlen lassen. In eine Rührschüssel abfüllen und über Nacht auskühlen lassen.
3. Am nächsten Tag das Griebenschmalz schaumig aufschlagen. Eventuell noch einmal mit Salz und Pfeffer abschmecken. Das Schmalz passt sehr gut zu den Wacholderweckle.

■ Dinkel-Spätzle

Zutaten für 5 Personen

5	Eier
270 g	Dinkelmehl
3 EL	Sonnenblumenöl
	Salz, Muskat

Zubereitung

1. Eier aufschlagen, Salz und Muskat dazugeben und verquirlen. Mehl langsam unterrühren. So lange schlagen, bis der Teig gut vermischt ist und Blasen zieht.
2. Die Spätzle mit einem Spätzleschaber in kochendes Salzwasser schaben, aufkochen lassen, in kaltem Wasser abschrecken und abtropfen lassen. Sonnenblumenöl untermengen, damit die Spätzle nicht zusammenkleben.

Dinkel-Kaiserschmarrn

Zutaten für 5 Personen als Dessert

150 ml	Milch
60 g	Dinkelmehl
60 g	Dinkelmusmehl (falls vorhanden, ansonsten Mehl oder Dinkelmehl nehmen)
50 g	Zucker
4	Eier
50 ml	Apfelsaft
30 g	Rosinen
	Mark von 1/2 Vanilleschote
	Abrieb von 1/2 Zitrone
1	Apfel, geschält und fein gewürfelt
50 g	Butter
50 g	Butterschmalz
	Puderzucker

Zubereitung

1. Milch, Mehl und Zucker zu einem glatten Teig rühren. Die Eier trennen, das Eigelb zum Teig geben und das Eiweiß zu Schnee schlagen.

2. In Apfelsaft eingeweichte Rosinen, Vanillemark, Zitronenabrieb und fein geschnittene Apfelwürfel dazugeben und den Eischnee unterheben.

3. In einer heißen Pfanne Butterschmalz und Butter zergehen lassen. Den Teig in die Pfanne geben und sobald dieser etwas angebacken ist, wenden. Auch auf dieser Seite anbacken lassen und in kleine Stücke reißen.

4. Vor dem Servieren mit Puderzucker bestreuen. Dazu passt Zwetschgenröster.

Quarkplinsen

Zutaten für 20 Plinsen

50 g	*Butter*
20 g	*Zucker*
2	*Eier*
500 g	*Quark*
150 g	*Mehl*
	Abrieb von ¼ Zitrone
	Butter
1	*Prise Salz*

Zubereitung

1. Butter und Zucker in der Küchenmaschine oder mit einem Rührgerät schaumig schlagen. Eier langsam hinzufügen, anschließend den Quark, Mehl, abgeriebene Zitronenschale und das Salz unterheben.

2. Kleine Küchle in einer heißen Pfanne mit Butter ausbraten; jewels auf beiden Seiten anbraten.

3. Auf Tellern anrichten und mit etwas Zimtzucker bestreuen.

Vanillewaffeln

Zutaten für 10 Waffeln

60 g	*Butter*
50 g	*Zucker*
2	*Päckchen Vanillezucker (16 g)*
3	*Eier*
125 ml	*Milch*
200 g	*Mehl*
1 TL	*Backpulver*
	etwas Zitronenabrieb

Zubereitung

1. Butter, Zucker und Vanillezucker in einer Rührschüssel schaumig rühren. Eier, Milch, Mehl und Backpulver nach und nach unterrühren und zum Schluss etwas Zitronenabrieb dazugeben.

2. Im heißen und gebutterten Waffeleisen goldbraun ausbacken.

Flachswickel

Zutaten für 12 Stück

- 250 g Butter
- 3–4 EL Milch
- 1 Würfel Hefe (42 g)
- 600 g Mehl
- 60 g Honig
- 2 Eier
- 2 EL Vanillezucker
- 1 Eigelb
- Hagelzucker
- 1 Prise Salz

Zubereitung

1. Milch in einem Topf leicht erwärmen. Milch mit der Hefe verrühren und mit Mehl, Honig, Eiern, Vanillezucker, weicher Butter und einer Prise Salz zu einem Teig kneten und diesen 2 bis 3 Stunden an einem warmen Ort gehen lassen.

2. Aus dem Teig fingerdicke Rollen abdrehen und zu Zöpfen flechten.

3. Die Flachswickel mit Eigelb bestreichen und mit Hagelzucker bestreuen. Bei 180 °C 15 bis 20 Minuten backen.

[Kornbauer Glück, Meidelstetten]

Familie Glück bewirtschaftet schon seit vielen Generationen einen landwirtschaftlichen Betrieb. Heute leben in Meidelstetten drei Generationen zusammen, die gemeinsam alle anfallenden Arbeiten des Nebenerwerbsbetriebs erledigen. Neben Linsen bauen sie Dinkel und Braugerste an. Als Zwischenfrucht wird Klee gesät. Alle diese Kulturpflanzen sind sehr gut an die nährstoffarmen Böden der Alb angepasst.

Kornbauer Glück baut als Pionier schon seit zwanzig Jahren Linsen an. Damals wollte er als Ergebnis der Diplomarbeit als Agraringenieur wissen, warum die Linse vollständig aus dem Anbau verschwunden war. Zu Zeiten der Großeltern bis nach dem Zweiten Weltkrieg war sie eine wichtige Kulturpflanze auf der Alb gewesen. Die Linsenbauern konnten sogar mit ihr bezahlen. Aus den »Hellerlinsen« wurden die »Tellerlinsen«.

Inzwischen haben die Glücks viel Erfahrung, trotzdem gibt's immer wieder Überraschungen. Die ganze Mühe wird jedoch durch die hohe Qualität der Linsen und die vielen positiven Rückmeldungen von Privatleuten und Gastronomiebetrieben in der Region entschädigt.

Die Glücks bauen zwei verschiedene Sorten an: die dunkelblau, grün marmorierten »rei'gschmeckten Feinen« und die dunkelbraunen »uns're Beschden«. Beide Linsensorten sind kleinsamig, schmecken hervorragend und sind schnell weich gekocht.

Glücks ist der Umgang mit dem Boden wichtig. Dazu gehört auch, dass sie Klee pflanzen, der den Boden lockert und mit Hilfe der Knöllchenbakterien an den Wurzeln Luftstickstoff sammelt und diesen für die nächste Generation an Kulturpflanzen verfügbar macht. Das spart zusätzliches Düngen mit Stickstoff. Zur Bodenbearbeitung wird oftmals auch nicht gepflügt, sondern nur gelockert, ohne zu wenden. Dies erhält die natürliche Bodenschichtung mit ihrem so wichtigen natürlichen Vorkommen an Bodenlebewesen.

Kornbauer Glück
Beim Reifenbrünnle 19,
72531 Hohenstein-Meidelstetten,
info@kornbauer-glueck.com

[Wiesenbärenklau]
Heracleum sphondylium

auch Bärenfuß, Bärentatze, Roßfenchel, Hasenkraut, Kuhpastinak genannt

Saison: Durch die Mahd der Wiesen treibt auch der Wiesenbärenklau öfters neu aus, man kann ihn deshalb das ganze Jahr über mit frischem Blattaustrieb ernten. Die Wurzel gräbt man erst im Herbst aus.

Fundort und Botanik: Der Wiesenbärenklau gehört zur Familie der Doldengewächse (Apiaceae). Die zweijährige Pflanze wird maximal 1,5 Meter hoch. Achtung, bitte nicht mit dem viel größeren und höheren Riesenbärenklau verwechseln, der eher an Waldrändern und Ödplätzen vorkommt! Dieser enthält in allen Pflanzenteilen einen Stoff, der zu Hautverbrennungen führt. Der Wiesenbärenklau wächst auf sonnigen bis halbschattigen, gedüngten Wiesen.

Inhaltsstoffe und Heilwirkung: Bärenklau enthält Bitterstoffe, ätherisches Öl und Furocumarine. Er wirkt deshalb anregend, verdauungsfördernd und blutdrucksenkend.

Verwendete Pflanzenteile: Zum Verzehr werden die frisch ausgetriebenen Blätter verwendet, die geschmacklich an Sellerie erinnern. Sie lassen sich wie Gemüse verwenden oder zu Püree, Suppe oder einem Auflauf verarbeiten. Die jungen Stängel schmecken nach Kokosnuss, man schält sie und verwendet sie als Gemüse. Die Wurzel dient als Kräftigungsmittel.

Gesundheitsrezepte: Die gemahlene Wurzel diente unter anderem als potenzsteigerndes *Stärkungsmittel*, als europäischer Ginseng. Hierzu werden täglich 2 TL eingenommen, zusätzlich sollte zweimal am Tag ein Fußbad aus der Abkochung von zwei Handvoll Blättern und einer Wurzel gemacht werden. In jedem Fall – Fußbad hin oder her, potenzsteigernd oder nicht – ist die Wurzel als Stärkungsmittel zu genießen. Für eine *Bärenklauessenz,* die sich als Würze im Salat eignet, 2 Teile Bärenklau, 1 Teil Bohnenkraut, 1 Teil Brennnessel, 0,5 Teile Lavendelblüten mit 1 l Wodka übergießen. 3 Wochen an einem warmen Ort stehen lassen, abseihen und in lichtdichte Gläser abfüllen.

Aus dem Volksglauben: Die Wurzel diente als Amulett, das jung, mächtig und reich machen sollte.

Meidelstetter Balsamico-Linsen-Salat mit Wiesenbärenklau und Wacholderschinken

Zutaten für 10 Personen

250 g	Linsen
1	Zwiebel
3 EL	Basilikumöl
1 EL	Knoblauchöl
	Zucker, Salz, Pfeffer
250 ml	Balsamicoessig
250 ml	Fleisch- oder Gemüsebrühe
1	Karotte
1/2	Stange Lauch
1/4	Knolle Sellerie
8	Blätter gehackter Wiesenbärenklau
15	dünne Scheiben Wacholderschinken

Zubereitung

1. Die Linsen über Nacht in 1 l Wasser einweichen.

2. Die Zwiebeln in feine Würfel schneiden. In einem Topf Basilikum- und Knoblauchöl erhitzen, die Zwiebeln darin anschwitzen und die Linsen dazugeben.

3. Mit Zucker, Salz und Pfeffer abschmecken, mit dem Balsamicoessig ablöschen und mit Brühe auffüllen, zirka 30 Minuten weich kochen.

4. In der Zwischenzeit Karotten, Lauch und Sellerie in feine Würfel schneiden und separat in kochendem Salzwasser mit je einer Minute Abstand blanchieren. Nach zirka 30 Minuten Kochzeit zu den Linsen geben und abschmecken. Gehackten Wiesenbärenklau zum Schluss untermengen.

5. Wacholderschinken auf ein mit Backpapier ausgelegtes Blech legen und im Ofen bei 80 °C 25 Minuten backen, bis der Schinken schön kross ist. Gemeinsam mit dem Salat anrichten.

Linsenflädle mit Wiesenbärenklau

Zutaten für 5 Personen

75 g	Linsenmehl
75 g	Mehl
0,45 l	Milch
6	Eier
8	Blätter gehackter Wiesenbärenklau
	Butter
	pro Flädle 100 g Ziegenfrischkäse
	Salz, Muskat

Zubereitung

1. Linsenmehl mit dem übrigen Mehl, Milch, Eiern und Wiesenbärenklau zu einem Teig rühren. Mit Salz und Muskat abschmecken.
2. In einer Pfanne mit Butter dünne Flädle ausbacken.
3. Flädle auskühlen lassen. Den Ziegenfrischkäse mit Salz und Pfeffer abschmecken und pro Flädle 100 g Frischkäse auf die Flädle streichen. Am besten nochmals abgedeckt für 5 bis 10 Minuten im Backofen bei 130 °C ruhen lassen, bis die Flädle lauwarm sind.
4. Auf einem Teller anrichten und mit einem Wildkräutersalat servieren.

Alblinsen

Zutaten für 10 Personen

750 g	Linsen
2	Zwiebeln
5	Speckscheiben
1 EL	Pflanzenfett
1 EL	Tomatenmark
0,2 l	Rotwein
1 EL	Senf
1	gehackte Knoblauchzehe
1 TL	Majoran
	Salz, Pfeffer
500 ml	Fleischbrühe
2	Karotten
1/2	Stange Lauch
1/4	Knolle Sellerie
	evtl. Mondamin
0,15 ml	Rotweinessig

Zubereitung

1. Linsen über Nacht in 1 l Wasser einweichen.

2. Zwiebeln und Speck in feine Würfel schneiden. In einem Topf Öl erhitzen und darin Zwiebeln und Speck anbraten. Tomatenmark hinzugeben und kurz mit anbraten. Mit Rotwein ablöschen. Linsen, Senf, Knoblauch, Majoran, Salz, Essig und Pfeffer dazugeben, mit Brühe auffüllen und weich kochen.

3. In der Zwischenzeit Karotten, Lauch und Sellerie in feine Würfel schneiden. Die Linsen 30 Minuten kochen lassen, zum Schluss die Gemüsewürfel dazugeben und 5 Minuten mitkochen lassen.

[Demeterhof Kloker, Bremelau]

Seit mehreren Generationen gibt es den Bauernhof Kloker in Bremelau. Im Jahr 1975 wurde er von Franz Kloker auf biologisch-dynamischen Anbau umgestellt. Seit 2001 bewirtschaftet Sohn Konrad mit seiner Familie den Hof.

Ein Standbein der Schleckers ist die Rindfleischproduktion. In einem Außenklima-Stall werden rund 20 Mutterkühe mit ihren Kälbern der Rasse »Limousin« gehalten. Der Deckbulle sorgt im »Natursprung« für den notwendigen Nachwuchs. Ständiger Auslauf, viel frische Luft, betriebseigenes Futter und viel Zeit sind Grundvoraussetzungen für das zarte schmackhafte Fleisch des Demeterhofs.

Konrad Schlecker unterscheidet zwischen Baby-Beef-Fleisch, welches von Tieren stammt, die noch an der Mutter saugen, und Rindfleisch. Um unnötigen Transportstress zu vermeiden, werden die Tiere im Nachbarort geschlachtet.

Ein weiteres Standbein ist der Getreideanbau mit angegliederter Hofbäckerei. Speisegetreide, vorwiegend Dinkel und Weizen werden hier angebaut. Konrad Schlecker setzt dabei auf den Oberkulmer Rotkorn. Diese alte Dinkelsorte wurde nicht mit Weizensorten gekreuzt und besitzt somit die ursprünglichen Dinkeleigenschaften. Daher ist er für viele Allergiker gut geeignet. Des Weiteren ist Konrad Schlecker

Qualitätsprüfung der Gemüsesorten mit Konrad Schlecker.

in der Erzeugergemeinschaft »Alb-Leisa« Mitglied und baut regelmäßig die bekannte Linsensorte an.

Weizen und Dinkel wird größtenteils in der Hofbäckerei zu Köstlichkeiten wie Brot, Brötchen, Hefezopf und Kuchen verarbeitet. Außerdem werden saisonale Leckereien wie Zwiebelkuchen, Früchtebrot und Schokobananen angeboten.

Das dritte Standbein sind Hackfrüchte wie Kartoffeln, Möhren, Rote Bete und Pastinaken. Besonders die Möhren erhalten durch die Anwendung der biologisch-dynamischen Präparate einen unvergleichlich süßen Geschmack, den viele Kunden schätzen.

Konrad Schlecker versucht, wenn immer möglich, die Saat-, Pflanz- und Ernteabläufe mit dem Aussaatkalender von Maria Thun zu vereinbaren. Sehr wichtig sind ihm eine nachvollziehbare Produktion mit kurzen Transportwegen, Ehrlichkeit und Vertrauen im Umgang mit den Kunden. Die Familie vermarktet ihre Produkte in Münsingen auf dem Wochenmarkt und im hofeigenen Laden.

Demeterhof Kloker
*Konrad Schlecker,
Ehinger Straße 22,
72525 Münsingen-Bremelau,
Telefon (0 73 83) 15 28
www.demeterhof-schlecker.de*

Mutterkuhhaltung.

[Pastinake] *Pastinaca sativa*

auch Germanenwurzel, Hammelmöhre, Pestnacke genannt

Saison: Herbst und Winter

Botanik und Fundort: Pastinaken gehören zu den Doldengewächsen (Apiaceae), sie wachsen auf tiefgründigen Böden in voller Sonne. Pastinaken haben einen wunderbaren Geruch und blühen mit gelben Dolden. Das Wurzelgemüse wurde auch schon zur Zeit der Pfahlbauten verzehrt, man fand bei Ausgrabungen Samen. Allerdings wurde es dann von der Karotte verdrängt.

Inhaltsstoffe und Heilwirkung: Pastinaken enthalten viele Mineralstoffe, die Vitamine A, B und C. Auch sehr viel Kalium ist in der Wurzel enthalten. Gerade im Winter kurbelt das wohlschmeckende Gemüse den Stoffwechsel an. Dank ihres hohen Inulingehalts sind sie eine ideale, blutzuckerneutrale Speise für Diabetiker. Auch von Säuglingen und Kleinkindern wird die Pastinake gut vertragen. Sollten Kinder an einer mittlerweile häufigeren Karottenallergie leiden, kann man es mit Pastinaken versuchen.

Verwendete Pflanzenteile: Verwendet wird vor allem die Wurzel, die im Spätsommer und Herbst geerntet wird. Die Wurzeln lassen sich gut als Wintergemüse im Keller aufbewahren. Aber auch die Blätter und Samen lassen sich nutzen.

Gesundheitsrezepte: Aus den Samen lässt sich ein *Pastinakentee* zur Verdauungsförderung und zur Anregung der Nierentätigkeit zubereiten. Tee aus frisch geernteten Blüten und Blättern ist bei Schlaflosigkeit empfehlenswert. Aus den Wurzeln der wilden Pastinake wurde früher ein Tee gekocht, der blutreinigend, schmerzlindernd und wassertreibend sein und bei Magenschmerzen und Fieber helfen sollte.

Aus dem Volksglauben: Der Saft wurde in der Zeit der großen Pestepidemie im 14. Jahrhundert als Heilmittel eingesetzt, weshalb die Pflanze auch den Beinamen Pestnacke erhielt.

[Petersilienwurzel]
Petroselium crispum
auch Peterling, Peterchen genannt

Saison: Herbst und Winter

Botanik und Fundort: Petersilie gehört zu den Doldenblütlern (Apiaceae). Sie wächst zweijährig in gutem Boden in sonnigen Lagen. Petersilie keimt etwas schlecht, man sollte darauf achtgeben, dass die Aussaaterde nicht zu nass gehalten wird. Wenn der Keimerfolg ausbleibt, kann man in allen Gärtnereien Topfpetersilie für die Verwendung als frisches Gewürzkraut erstehen. Die Wurzelpetersilie keimt direkt ins Beet gesät gut.

Inhaltsstoffe und Heilwirkung: Petersilie enthält Apiol, Appin, ätherisches Öl, Flavonoide und Vitamin C. 100 g frische Petersilie enthält zirka 100 mg Vitamin C! Als Teedroge verwendet wirkt die Petersilie wassertreibend, appetitanregend und krampflösend. So manche junge Frau hat versucht, mit Petersiliensamen abzutreiben – oftmals mit tödlichem Ausgang. Hiervon sei dringend abgeraten.

Verwendete Pflanzenteile: Verwendet wird das frische Kraut in Salaten und nicht erhitzt in Suppen und Soßen das ganze Jahr über. Die Wurzeln sind ein typisches Wintergemüse und sollten frostfrei im Gemüsekeller gelagert werden.

Gesundheitsrezepte: Für einen *Petersilientee* 1 TL Kraut mit 250 ml Wasser aufkochen und kurz ziehen lassen. 2 Tassen pro Tag als Durchspülungstherapie für Niere und Blase sind ausreichend. Diese sollte nicht länger als 2 Wochen als Kuranwendung durchgeführt werden. Den frisch gepressten Saft aus den Wurzeln kann man mit Karottensaft mischen und erhält damit eine Vitaminbombe in der Winterzeit. Der Saft wirkt appetitanregend und auch ausscheidungsfördernd. Bei Zahnschmerzen wirken frisch zerstoßene Blätter, die man direkt auf den Zahn gibt, schmerzlindernd. Hildegard von Bingen empfiehlt zur Herzstärkung einen *Petersilienwein*. Hierzu werden 7 bis 10 Stängel frische Petersilie, etwas Weinessig und 1 l Weiß- oder Rotwein zirka 15 Minuten sprudelnd gekocht. Dann gibt man 250 g Honig dazu und erhitzt die Mischung nochmals. Dann den Wein absieben, abfüllen und pro Tag 1 bis 2 Likörgläschen trinken. Die Petersilie als starker *Teeabsud* vermischt mit einer guten Seifengrundlage hilft bei unreiner und trockener Haut.

Aus dem Volksglauben: »Petersilie hilft den Männern aufs Pferd und den Frauen unter die Erde.« Ein alter Spruch, der zum einen die Stärkung zeigt und zum anderen darauf hindeutet, wie viele Frauen an einer Abtreibung gestorben sind. Petersilie galt als Symbol der Wiedergeburt, sie sollte Verstorbene zum Leben erwecken können. Auch als Liebeszauber wurde sie im Mittelalter verwendet.

[Topinambur]
Helianthus tuberosus
auch Winterbirne, Erdbirne genannt

Saison: Winter

Botanik und Fundort: Topinambur gehört zur Familie der Korbblütler (Asteracae) und wächst in halbschattigen, sonnigen Lagen in jedem Gartenboden. Die einen lieben ihn wegen seines nussig-aromatischen Geschmacks als wertvolles Wintergemüse, die anderen werden ihn wegen seines ungestümen Wachstums im Garten nicht mehr lieben. Denn einmal gesetzt, wird man ihn nicht mehr los. Pflanzt man ihn jedoch an den Gartenrand an den Zaun, dort, wo er etwas wuchern kann, wird man eine wunderschöne bis zu 2 Meter hohe Staude mit goldgelben Sonnenblumenblüten erhalten. Im Herbst werden dann die Knollen ausgegraben – auch das hilft, ihn im Zaum zu halten.

Inhaltsstoffe und Heilwirkung: Die Knolle enthält Inulin, Calcium, Eisen, Vitamin B1, B2, C, Karotin, Fette, Eiweiß und Kohlenhydrate. Aufgrund des Inulingehaltes ist sie vor allem für Diabetiker eine zuckerneutrale Speise. Das Inulin fördert auch die Darmflora, deshalb ist Topinambur nach Antibiotikagaben und in der Erholungszeit nach Erkrankungen ideal. Aus den Knollen gepresster Saft lässt sich mit anderen Gemüsesäften mischen. Er wirkt sich heilend auf Bauchspeicheldrüsenerkrankungen und Diabetes aus.

Verwendete Pflanzenteile: Die jungen Blätter werden im Frühjahr im Salat mitverwendet. Die Knolle wird als Gemüse verwendet.

Gesundheitsrezepte: Frisch gegraben, geschält und roh gegessen, hilft er gegen Kälteempfindlichkeit – so die Tradition der südamerikanischen Indianer. Eine *Topinamburtinktur* unterstützt das Abnehmen: Dafür eine Knolle mitsamt der Schale reiben und in ein weithalsiges Gefäß geben. Mit hochprozentigem (60 %) Alkohol übergießen und zirka 14 Tage bei Raumtemperatur abgedeckt stehen lassen. Anschließend abfiltern und in braune Fläschchen füllen. Nur wenige (zirka 10 Tropfen/Tag) in Wasser einnehmen.

Aus dem Volksglauben: Bei den Indianern galten Träume von Topinambur als Aufforderung, vor Feinden zu flüchten oder sich auf die Suche nach neuen Nahrungsangeboten zu machen. Reich blühende Stauden verheißen einen kalten Winter. Viel Blüte gibt wenig Knollen – auch dies ein schlechtes Omen für die Ernährung.

TIPP: Topinambur kam mit Seeleuten aus Südamerika nach Europa. Die Franzosen machten Alkohol daraus und verwendeten ihn in der Kosmetik, hierzulande war er Futterpflanze und Gemüse. Erst mit dem Aufkommen der Kartoffel hat er seine weite Verbreitung verloren.

Pastinaken-Bananen-Suppe

Zutaten für 5 Personen

- 60 g Zwiebel
- 50 g Butter
- 300 g Pastinaken
- 130 g geschälte Banane
- 0,9 l Gemüsebrühe
- 0,2 l Sahne
- Saft einer Zitrone
- Salz, Muskat

Zubereitung

1. Zwiebel würfeln und in Butter anschwitzen. Die Pastinaken und Bananen schälen und klein schneiden. Ebenfalls anschwitzen und mit Salz und Muskat würzen. Mit Brühe und Sahne auffüllen.

2. Zirka 10 Minuten köcheln lassen, abschmecken, Zitronensaft zugeben und mit dem Pürierstab fein mixen.

■ Schwäbische Minestrone mit handgeschabten Spätzle und Perlgraupen

Zutaten für 5 Personen

50 g	Perlgraupen
20 g	Zwiebelwürfel
10 g	Butter
500 ml	Gemüsebrühe
je 50 g	Gemüserauten von Karotte, Knollensellerie, Zucchini und Lauch
2	Tomaten
1 l	Fleischbrühe
100 g	fertige Spätzle
	frische Kräuter, zum Beispiel Schnittlauch, Petersilie, Thymian
	Salz, Pfeffer

Zubereitung

1. Perlgraupen mit Zwiebelwürfel in Butter anschwitzen, mit Salz und Pfeffer würzen und mit der Gemüsebrühe auffüllen. Dann zirka 30 Minuten kochen lassen.

2. In der Zwischenzeit Gemüserauten zuschneiden. Dazu Karotten und Sellerie waschen, schälen, mit der Aufschnittmaschine 1 Millimeter dick aufschneiden und von Hand gleichmäßige Rauten schneiden. Zucchini waschen und ebenso verarbeiten. Lauch halbieren, waschen und von Hand gleichmäßige Rauten schneiden.

3. Bei den Tomaten jeweils den Strunk entfernen und kreuzweise einschneiden. In kochendem Wasser 10 Sekunden blanchieren und im kalten Wasser abschrecken. Die Haut abziehen und das Kerngehäuse entfernen, in Rauten schneiden.

4. Fleischbrühe erhitzen, bis sie aufkocht. Spätzle, Graupen und Gemüserauten dazugeben.

5. Die Suppe auf Teller verteilen und mit Tomatenwürfeln und frischen Kräutern garnieren.

Kürbis-Kartoffel-Püree

Zutaten für 5 Personen

700 g	Kartoffeln
300 g	Kürbis
125 ml	Milch
125 ml	Sahne
50 g	Butter
	Salz, Muskat

Zubereitung

1. Rohe Kartoffeln und Kürbis waschen, schälen und in nussgroße Stücke schneiden.
2. Kartoffeln und Kürbis 15 Minuten in Salzwasser weichkochen.
3. Das Kochwasser abschütten, Kartoffeln und Kürbis in eine Schüssel pressen.
4. In einem Topf Milch, Sahne und Butter erwärmen. Kürbis und Kartoffeln nach und nach mit einem Schneebesen einrühren, mit Salz und Muskat abschmecken. Beim Anrichten eventuell 1 bis 2 EL geschlagene Sahne unterheben, damit das Püree luftig und locker wird. Dazu passen geschnetzelte Lammleber oder gebratene Lammleberscheiben sehr gut.

Spinatstrudel mit Kartoffeln und Pinienkernen

Zutaten für 5 Personen

Für den Strudelteig:

300 g	Mehl
150 g	Wasser
1	Eigelb
2 EL	Öl
	Salz

Für die Füllung:

500 g	mehlig kochende Kartoffeln
600 g	blanchierter Spinat
200 g	geriebener Albkäse
100 g	Zwiebelwürfel
150 g	Semmelbrösel
50 g	Pinienkerne
	etwas gehackte Blattpetersilie
100 g	Butter
	Salz, Muskat

Zubereitung

1. Mehl, Wasser, Eigelb, Öl und Salz in einer Rührschüssel zu einem kompakten Teig kneten und diesen vor der Weiterverarbeitung 3 bis 4 Stunden an einem kühlen Ort ruhen lassen. Den Teig dann ausrollen und mit dem Handrücken auseinanderziehen.
2. Für die Füllung Kartoffeln schälen, klein würfeln und weich kochen und mit den übrigen Zutaten für die Füllung zu einer homogenen Masse verarbeiten und in den Strudelteig einrollen. Den Strudel mit Butter bestreichen und 25 Minuten bei 190 °C im Backofen backen.

Rinderkutteln mit Bratkartoffeln

Zutaten für 5 Personen

Für die Kutteln:
- 100 g Zwiebelwürfel
- 100 g Speckwürfel
- 5 EL Pflanzenfett zum Braten
- 2 EL Tomatenmark
- 150 ml Rotwein (zum Beispiel von Dolde Wein)
- 1 kg Rinderkutteln, geputzt und gekocht
- 1 EL Senf
- 5 EL Rotweinessig (je nach Geschmack)
- 10 Stängel Majoran, fein gehackt
- 1 Knoblauchzehe, fein gehackt
- 1 Stängel Thymian, fein gehackt
- 500 ml Jus/Bratensoße (siehe Seite 143)
- Salz, Pfeffer

Für die Bratkartoffeln:
- 1 kg Kartoffeln
- 1/2 TL Kümmel
- Pflanzenfett zum Braten
- 1 Zwiebel
- 1 EL Griebenschmalz
- Salz, Pfeffer

Zubereitung

1. Zwiebel- und Speckwürfel in Fett scharf anbraten. Tomatenmark dazugeben und mit etwas Rotwein ablöschen. Mit der Hitze etwas zurückgehen und noch ein- bis zweimal ablöschen.

2. Kutteln, Senf, Rotweinessig und die Gewürze und Kräuter untermischen. Alles gut vermengen und mit Bratensoße auffüllen. Zirka eine halbe Stunde kochen lassen, bis die Kutteln weich sind, aber noch einen ganz leichten Biss haben. Zum Schluss noch einmal abschmecken und eventuell Essig dazugeben.

3. In der Zwischenzeit Kartoffeln waschen. In Salzwasser mit etwas Kümmel zirka 40 Minuten weich kochen, pellen und kalt werden lassen. In Scheiben oder in Würfel schneiden und in einer Pfanne im Fett kross anbraten. Mit Salz und Pfeffer würzen. Zum Schluss Zwiebel würfeln und mit etwas Griebenschmalz zu den Kartoffeln geben. Noch einmal durchschwenken und abschmecken.

Rinderfilet mit Topinamburpüree, Grillgemüse, Bärlauchpesto und Chips

Zutaten für 5 Personen

Für das Topinamburpüree:
- 1 kg *Topinamburkartoffeln*
- 25 ml *Milch*
- 25 ml *Sahne*
- 100 g *Butter*
- *Salz, Muskat*

Für die Chips:
- 2–5 *Topinambur- oder Süßkartoffeln*
- 100 g *Mehl*
- 200 g *Frittierfett (je nach der Größe des Topfs oder der Fritteuse)*

Für das Rinderfilet:
- 1 kg *Rinderfilet (zum Beispiel vom Bremelauer Weiderind von Konrad Schlecker)*
- *Pflanzenfett zum Braten*
- *Salz, Pfeffer, Paprika edelsüß*

Für das Grillgemüse:
- 1 *Paprika*
- 1 *Zucchini*
- 1/2 *Aubergine*
- 3 EL *Rapsöl*
- 5 *Blätter Bärlauch*
- 1 *Zweig Ysop, fein gehackt*
- *Salz, Pfeffer*

Für das Bärlauchpesto:
- 40 g *Bärlauchblätter*
- 1–2 *Schalotten*
- 40 g *gemahlene Haselnüsse oder Macadamianüsse*
- 100 ml *Sonnenblumenöl*
- 1 *Chilischote*
- *Salz, Pfeffer*

Zubereitung

1. Rohe Topinamburkartoffeln waschen und schälen, in nussgroße Stücke schneiden, 45 bis 60 Minuten weich kochen. Das Kochwasser abschütten, Kartoffeln in einer Moulinette fein pürieren.

2. Einen Topf mit Milch, Sahne und Butter erwärmen. Das Kartoffelpüree nach und nach einrühren, mit Salz und Muskat abschmecken.

3. Für die Chips Topinambur- oder Süßkartoffeln mit einer Aufschnittmaschine in feine Scheiben schneiden, mehlieren und bei 170 °C knusprig frittieren. Auf Küchenpapier auskühlen und trocknen lassen.

4. Paprika, Zucchini und Aubergine in grobe, gleich große Gemüsewürfel schneiden. In einer heißen Pfanne mit Rapsöl zuerst die Paprikawürfel anbraten, 2 bis 3 Minuten später die Aubergine und zum Schluss die Zucchini dazugeben. Mit Salz, Bärlauch und Ysop würzen.

6. Für das Pesto Bärlauch waschen, abtropfen lassen und etwas kleiner schneiden, die Schalotten in feine Würfel schneiden. Die Haselnüsse oder Macadamianüsse in einer Pfanne ohne Fett anrösten. In einer Sauteuse 1 EL Öl erhitzen, darin

Schalotten und den Bärlauch anschwitzen, mit Salz, Pfeffer und der ausgekratzten Chilischote abschmecken. Den Bärlauch, die Nüsse und das restliche Sonnenblumenöl in einer Moulinette fein mixen.

7. Das abparierte und in 150 g-Stücke portionierte Rinderfilet mit Salz, Pfeffer und Paprika edelsüß von beiden Seiten würzen und in einer heißen Pfanne mit etwas Fett von beiden Seiten 1 bis 2 Minuten gut anbraten und bei 150 °C im vorgeheizten Backofen 10 Minuten garen. Zum Schluss mit Bärlauchpesto überbacken.

8. Das Grillgemüse auf Tellern mittig anrichten, darauf das Rinderfilet geben. Das Topinamburpüree mit einem Spritzsack aufspritzen oder mit zwei Löffeln schöne Nocken abstechen. Die Teller mit frischen Kräutern garnieren.

Rostbraten im Wildkräuterbrotteig gebacken

Zutaten für 5 Personen

fein gehackte Wildkräuter (am besten Dost, Thymian, Wiesensalbei, Knoblauchsrauke oder andere aromatische Wildkräuter)
950 g Brotmehl
1/2 Würfel Hefe (21 g)
0,6 l Wasser
180 g Rumpsteak
Salz, Pfeffer

Zubereitung

1. Wildkräuter, Brotmehl, Hefe, Salz und Wasser zu einem Teig verarbeiten und 2 Stunden gehen lassen.

2. Das Rumpsteak mit Salz und Pfeffer würzen und ganz kurz auf beiden Seiten scharf anbraten und auskühlen lassen.

3. Einen Teil des Wildkräuterbrotteigs ausrollen (zirka 1 Zentimeter dick) und das Steak darin einpacken. Im vorgeheizten Backofen bei 250 °C 12 bis 15 Minuten backen. Danach noch 5 Minuten ruhen lassen und anschließend aufschneiden.

4. Aus dem restlichen Teig Brotlaibe à 440 g formen und im Backofen 15 Minuten bei 250 °C backen, dann die Temperatur auf 200 °C reduzieren und weitere 15 Minuten backen. Für einen goldgelben Glanz mit Wasser bepinseln.

Wildschweinrücken auf Holundersoße mit Pastinaken-Kartoffel-Püree

Zutaten für 5 Personen

Für das Pastinaken-Kartoffel-Püree:

500 g	Kartoffeln
250 g	Pastinaken
50 g	Butter
125 ml	Sahne
125 ml	Milch
	Salz, Muskat

Für den Wildschweinrücken:

1	Wildschweinrücken, zirka 750 g
	etwas Mehl zum Mehlieren
	etwas Fett zum Braten
	Salz, Pfeffer

Für die Holundersoße:

100 g	Holunderbeeren
500 ml	Wildgrundsoße (siehe Seite 144)
100 ml	Rotwein (zum Beispiel von Dolde Wein)
20 g	Butter

Zubereitung

1. Kartoffeln waschen, schälen, in nussgroße Stücke schneiden und 15 Minuten kochen. Pastinaken waschen, schälen, ebenfalls in nussgroße Stücke schneiden und zu den Kartoffeln geben und beides weitere 15 Minuten kochen lassen. Das Kochwasser abschütten, Kartoffeln und Pastinaken in eine Schüssel pressen. In einem Topf Sahne und Milch aufkochen, vom Herd ziehen. Die Kartoffeln und Pastinaken nach und nach einrühren. Mit Salz und Muskat abschmecken und zum Schluss Butterflocken hineinrühren.

2. Wildschweinrücken vom Knochen lösen und die Haut sauber abparieren. Mit Salz und Pfeffer würzen. Von beiden Seiten mehlieren und in einer heißen Pfanne 5 bis 6 Minuten von jeder Seite medium braten, aus der Pfanne nehmen und im Backofen bei 160 °C zirka 5 Minuten ruhen lassen.

3. Für die Soße Holunderbeeren in Butter anschwitzen, mit Rotwein ablöschen, Wildgrundsoße dazugeben und bis zur gewünschten Konsistenz einkochen lassen. Die Soße durch ein Haarsieb passieren und eventuell noch einmal mit Salz und Pfeffer abschmecken.

4. Wildschweinrücken auf Teller verteilen und mit der Holundersoße und dem Pastinaken-Kartoffel-Püree angerichtet servieren.

Petersilienwurzel-Panna cotta mit Rhabarberchutney

Zutaten für 5 Personen

Für die Panna cotta:

7,5	Blatt Gelatine
120 ml	Consommé (siehe Seite 142)
1	kleiner Bund glatte Blattpetersilie, gehackt
400 g	Petersilienwurzel
170 ml	Gemüsebrühe
	Saft einer halben Zitrone
100 g	geschlagene Sahne
	Salz und Muskat

Für das Rhabarberchutney:

2	Stangen Rhabarber
6	Schalotten
5 g	frischer Ingwer
100 g	Äpfel
	Chilischote
50 g	Rohrzucker
75 ml	Weißwein
	Zimtstange
6 EL	Weißweinessig
1 Stück	Sternanis
	Salz, Pfeffer, Muskat

Zubereitung

1. 2,5 Blatt Gelatine in Wasser einweichen, anschließend die ausgedrückte Gelatine in der erwärmten Consommé auflösen und gehackte Blattpetersilie hinzufügen. Die Flüssigkeit in Timbaleförmchen oder Kaffeetassen jeweils zirka 1 Zentimeter hoch einfüllen und kaltstellen.

2. Die Petersilienwurzel schälen klein schneiden und in leicht gesalzenem Wasser sehr weich kochen. Mit 150 ml Gemüsebrühe, Salz und Zitronensaft sehr fein pürieren.

3. 5 Blatt Gelatine in Wasser einweichen, ausdrücken, in der restlichen Brühe erwärmen und zum Petersilienwurzelpüree geben, sofort die geschlagene Sahne unterheben. Mit Salz und Muskat würzen. Die Petersilienwurzelcreme auf den Gelatinespiegel in die Förmchen geben und 2 Stunden kalt stellen.

4. In der Zwischenzeit Rhabarber waschen und schälen, in 1 bis 2 Zentimeter lange Stücke schneiden. Schalotten, Ingwer, Äpfel schälen und klein schneiden. Chilischote klein schneiden, eventuell die Kerne herausnehmen.

5. Zucker karamellisieren und mit dem Weißwein ablöschen, alle übrigen Zutaten hinzugeben und zirka 10 bis 15 Minuten köcheln lassen.

4. Anschließend die Förmchen aus dem Kühlschrank nehmen, kurz in heißes Wasser geben und die Petersilienwurzel-Panna cotta auf Teller stürzen. Mit dem Rhabarberchutney anrichten.

[Ehestetter Champignons]

Familie Geiselhardt im Gespräch mit Annegret Müller-Bächtle.

Wir stehen inmitten von Regalen gefüllt mit Kultursubstrat und sprießenden Pilzen. Während wir über die vielen weißen und braunen Hütchen der Champignons blicken, erklärt uns Frau Geiselhardt, wie sie die Pilze kultivieren: Unter sterilen Bedingungen wird das Gemisch aus Torf, kompostiertem und fermentiertem Pferdemist mit den Pilzsporen geimpft. Diese werden mit abgekochten Getreidekörnern vermischt, damit sie gleichmäßig auf der Fläche ausgebracht werden können. Nun beginnen die Pilze zu wachsen. Jeder Regalboden wird drei- bis viermal geerntet, dann wird der Boden ausgetauscht und auf den landwirtschaftlichen Flächen des Betriebes ausgebracht. Eine konstante Temperatur von 15 bis 17 Grad und eine Luftfeuchtigkeit von 85 Prozent herrschen im Gebäude und ermöglichen ein gutes, aber nicht zu rasches Wachstum. Auch eine nicht zu große Menge an Wasser erhöht die Qualität, die Pilze sind dadurch fester.

Die Entwicklungszeit der Champignons dauert nur vier Tage. In dieser Zeit wachsen sie von nur einem Zentimeter Durchmesser zur Verkaufsgröße von 5 Zentimeter heran. Die größten Pilze reifen zirka 6 bis 7 Tage und haben dann einen Durchmesser von zirka 10 Zentimeter.

Qualität, eine zeitnahe Belieferung der Kunden, ein gutes Auskommen und eine überschaubare Betriebsgröße – das wird auf dem Ehestetter Hof groß geschrieben, wo sich die Pilzzucht neben dem Milchvieh und dem Getreideanbau über die Jahre hinweg etabliert hat. Die Idee zur Champignonzucht entstand während der Technikerausbildung von Frank Geiselhardt. In dieser Zeit kam er erstmals mit der Pilzzucht in Berührung, mit der Zeit ist dieses Standbein immer größer geworden. Im Dezember 2000 gab es die erste Ernte in Ehestetten, seither wird nahezu jeden Tag geerntet. Die Champignons können sowohl direkt auf dem Hof als auch in vielen Hofläden, auf

EHESTETTER CHAMPIGNONS

Geerntete Champignons, gleich in Kisten für den direkten Verkauf gepackt.

Wochenmärkten und bei verschiedenen Einkaufsmärkten erworben werden. Der größte Teil jedoch wird an die Gastronomiebetriebe der Region geliefert, so dass sich die Pilze aus Ehestetten auf vielen Speisekarten finden lassen.

R. & F. Geiselhardt
Hauptstraße 35,
72534 Hayingen-Ehestetten,
Telefon (0 73 83) 94 20 53,
E-Mail: geiselhardt.frank@t-online.de

[Huflattich] *Tussilago farfara*

auch Ackerlattich, Brandlattich, Brustlattich, Eselsfuß, Hustenkraut, Tabakkraut genannt

Saison: zeitiges Frühjahr (Blüten), Mai bis Juni (Blätter)

Botanik und Fundort: Der Huflattich gehört in die Familie der Korbblütler (Asteraceae). Es ist eine ausdauernde Pflanze, die mit den Blütenständen zirka 10 Zentimeter hoch wird. Bevorzugt wächst der Huflattich auf Schuttflächen, Brachland, am schattigen Waldwegrand und an Straßendämmen und Böschungen. Das Besondere am Huflattich sind seine vor den Blättern erscheinenden goldgelben Blüten, die als Frühlingsboten fungieren. Mit dem Verwelken der Blüten kommen die Blätter aus dem Boden, die die Form eines Eselfußes (deshalb auch der Name) haben, sie werden zirka 20 Zentimeter groß. Man kann sie mit den Blättern der Pestwurz verwechseln, diese sind aber viel größer und nicht auf der Blattunterseite weißfilzig behaart.

Inhaltsstoffe und Heilwirkung: Huflattich enthält Bitterstoffe, Schleimstoffe, Gerbstoffe, verschiedene Mineralien wie Kieselsäure, Natrium, Kalium, Eisen, Magnesium und Schwefel. Er erhält auch die giftigen Pyrrolizidinalkaloide, deshalb darf er nur eine begrenzte Zeit von zirka 2 Wochen als Heilpflanze oder als Speise verwendet werden. Achtet man darauf, nur junge Pflanzen zu verwenden, ist der Alkaloidgehalt geringer als in älteren Pflanzen. Huflattich wirkt aufgrund seiner Inhaltsstoffe hustenlindernd, schleimlösend, auswurffördernd, krampflösend sowie schweiß-und harntreibend. Er ist eine der besten Heilpflanzen für akute Husteninfekte und Bronchitis. Anstelle von Tabak geraucht, hilft er bei Lungenerkrankungen, genauso gut kann man die Blätter aber verräuchern und den heilsamen Rauch inhalieren. Äußerlich aufgetragen, hilft Huflattich offene Wunden und Hautentzündungen zu kühlen und zu heilen. Ebenso kann ein Umschlag auf die Brust gelegt das Fieber senken. Beim Verbrennen des Huflattichs bleiben in der Asche so viele Mineralstoffe, vor allem Kalium und Magnesium, übrig, dass sie als Salz verwendet werden kann.

Verwendete Pflanzenteile: Es lassen sich sowohl Blüten als auch Blätter verwenden. Die Blätter lassen sich wie Spinat, als Gemüse oder anstelle von Kohlblättern verwenden. Die Wurzelsprossen und Blütenstängel schmecken wie Spargel und lassen sich ebenfalls als Gemüse verzehren. Vor allem im Frühjahr ergänzen die frischen Stängel mit den Blütenköpfen die Frühjahrsküche. Man verwendet bevorzugt die sehr jungen Blätter.

Gesundheitsrezepte: Für einen *Huflattichtee* 2 EL Blätter und oder Blüten mit 250 ml kochendem Wasser übergießen, zirka 3 Minuten ziehen lassen, abseihen, mit Honig süßen. Hiervon nur 3 Tassen Tee am Tag trinken. Für eine *Tinktur* eine Handvoll Blüten und Blätter mit 1 l Wodka oder Korn versetzen. Die Mischung 6 Wochen in der Wärme stehen lassen, dabei täglich umschütteln. Anschließend auspressen und in Flaschen abfüllen. Die Tinktur ersetzt den Tee, dreimal täglich höchstens 10 Tropfen einnehmen, Kinder nur 3 mal 5 Tropfen.

Aus dem Volksglauben: Der Huflattich wurde früher, wie Brennnesselsamen auch, den Tieren vor dem Verkauf unters Futter gemischt. Dadurch sollten sie einen jüngeren und dynamischeren Eindruck machen.

Inhaltsstoffe und Heilwirkung: Günsel enthält ätherisches Öl, Bitterstoffe, Gerbstoffe, Harpagosid (dies kennt man aus der südafrikanischen Teufelskralle, einer wichtigen Rheumapflanze), Iridoidglykoside und Rosmarinsäure. Günsel wirkt entzündungshemmend und schmerzstillend. Die traditionelle Verwendung als Auflage gegen Quetschungen und Prellungen zeigt die schmerzstillende Wirkung. Auch als Auflage im Gesicht bei Rötungen oder Couperose wirkt Günsel wohltuend. Hierzu kann man aus den frischen Blättern einen Tee kochen. Als Gurgelwasser bei Mund- und Halsentzündungen kommt die entzündungshemmende Wirkung zum Tragen. Tee aus getrockneten Blättern soll eine leichte Blutdrucksenkung bewirken.

Verwendete Pflanzenteile: Die frischen Sprossen werden im Salat oder im Gemüse mitverwendet. Die Blüten sind eine schöne essbare Dekoration.

Gesundheitsrezepte: Für einen *Günseltee* 1 Teelöffel Kraut mit 250 ml Wasser übergießen und 10 Minuten ziehen lassen. Als Gurgelwasser und Auflage verwenden. Als Teekraut in die Hausteemischungen mit einbringen.

Aus dem Volksglauben: Ohne Not ausgerissen, soll der Günsel für Blitz-und Donnerschäden verantwortlich sein. Sommersprossen sollen entstehen, wenn man am Günsel riecht. Allerdings war er ein wichtiges Wundkraut: »Wer Gunsel und Sanikel (eine Waldpflanze mit großer Heilwirkung auf die Haut) hat, bietet Trotz dem Wundarzt mit einem Blatt.«

■ **[Kriechender Günsel]**
Ajuga reptans

auch Kuckucksblume, Güldengünsel, Guglkraut genannt

Saison: zeitiges Frühjahr vor der Blüte

Botanik und Fundort: Günsel gehört zur Familie der Lippenblütler (Lamiaceae), er ist mehrjährig und wird zirka 20 Zentimeter hoch. Er wächst auf eher feuchteren Böden in schattigen bis halbschattigen Lagen.

Huflattich-Champignon-Salat mit Zuckerschoten auf Rote-Bete-Carpaccio

Zutaten für 5 Personen

1	*Rote Bete*
10	*Champignons*
40 g	*Zwiebelwürfel*
100 g	*Zuckerschoten*
10	*Huflattichblüten*
1 TL	*Honig*
6 EL	*Rapsöl*
4 EL	*weißer Kräuteressig*
	Salz, weißer Pfeffer

Zubereitung

1. Rote Bete halb gar kochen und schälen. Anschließend in dünne Scheiben schneiden und auf einen Teller legen, mit Salz und etwas weißem Pfeffer würzen.

2. Champignons putzen, mit Salz und Pfeffer würzen, vierteln und mit den Zwiebelwürfeln in Butter anschwitzen. Die Zuckerschoten blanchieren, kalt abschrecken und in die Pfanne zu den Champignons geben. Mit Salz und Pfeffer würzen.

3. Huflattichblüten klein schneiden und dazugeben. Alles mit Honig, Salz, Pfeffer, Öl und Essig abschmecken und auf dem Carpaccio anrichten.

Gebackene Champignons im Günsel-Backteig

Zutaten für 5 Personen

0,2 l	Bier
200 g	Mehl
2	Eier
20 g	Honig
20 ml	Rapsöl
8	Bärlauchblätter
10	Günselblätter
15	Stück Champignons
3 kg	hoch erhitzbares Pflanzenfett
	Salz, Pfeffer

Zubereitung

1. Bier und Mehl verrühren. Die Eier trennen, das Eiweiß schaumig schlagen und das Eigelb zu der Bier-Mehl-Masse geben. Salz, Honig, Rapsöl dazugeben und zum Schluss den Eischnee mit kleingeschnittenem Bärlauch und Günselblättern unterheben.

2. Champignons waschen, trocken tupfen und mit Salz und Pfeffer würzen. In Mehl wenden und dann durch den Bierteig ziehen. Sofort in einem tiefen Topf mit dem heißen Pflanzenfett ausbacken, bis die Pilze rundum braun sind. Aus dem Fett nehmen und abtupfen. An einem Salat oder zu einem Steak servieren.

Gefüllte Portabello mit Linsenmousse und Huflattich auf Karottensesamschaum

Zutaten für 5 Portionen

Zutaten für die Linsenmousse:

250 g	Linsen (zum Beispiel von Kornbauer Glück, Meidelstetten)
20 g	Zwiebelwürfel
20 g	Butter
100 ml	Braumalzessig
1 l	Gemüsebrühe
100 g	geschlagene Sahne
	Salz, Pfeffer

Zutaten für den Karottenschaum:

300 g	Karotten
50 g	Rohrzucker
50 ml	Holunderblütenessig
1 l	Mineralwasser
1 TL	Sesam
20 g	Butter
100 g	geschlagene Sahne
	Salz, Pfeffer

Zutaten für gefüllte Portabello:

5 Stück	Portabello (Champignonart, zum Beispiel von Frank Geiselhardt aus Ehestetten)
10	Huflattichblätter und -blüten (nach Wunsch weitere Kräuter verwenden, zum Beispiel Rosmarin, Thymian, Basilikum)
	Rapsöl zum Anbraten

EHESTETTER CHAMPIGNONS

Zubereitung

1. Linsen über Nacht in 1 l Wasser einweichen. Vor der Weiterverarbeitung das restliche Wasser abschütten.

2. Feine Zwiebelwürfel und die eingeweichten Linsen in Butter anschwitzen, mit Salz und Pfeffer würzen. Anschließend mit Braumalzessig ablöschen und mit der Gemüsebrühe auffüllen.

3. Die Linsen zirka 1 Stunde langsam weichkochen, mit einem Pürierstab fein mixen. Beim Anrichten mit geschlagener Sahne verfeinern. Eventuell noch einmal mit Salz und Pfeffer abschmecken.

4. Für den Karottenschaum Karotten waschen, schälen und in Würfel schneiden, in einem Topf mit Rohrzucker leicht karamellisieren, mit Holunderblütenessig ablöschen und mit 1 l Mineralwasser auffüllen. Die Karotten zirka 1 Stunde bei mittlerer Hitze kochen lassen, mit einem Pürierstab fein mixen und durch ein Haarsieb passieren.

5. In einer Sauteuse Sesam in Butter anschwitzen, den Karottenfond dazugeben, mit etwas Salz und Pfeffer abschmecken. Beim Anrichten mit geschlagener Sahne verfeinern.

6. Die Mitte der Pilze aushöhlen, von beiden Seiten mit kleingeschnittenem Huflattich (und gegebenenfalls weiteren Kräutern), Salz und Pfeffer eine halbe Stunde marinieren. Die Pilze in einer heißen Pfanne von beiden Seiten in Rapsöl anbraten und bei 180 °C für 10 Minuten in den Backofen schieben.

7. Zum Anrichten die Portabellos mit der Linsenmousse füllen, auf einen Teller setzen und mit Karottenschaum garnieren.

TIPP: *Für dieses Rezept können alternativ auch Paprika, Zucchini oder handelsübliche Champignons verwendet werden.*

Rehragout mit Ehestetter Rahmchampignons und Haselnuss-Spätzle

Zutaten für 5 Personen

Zutaten für das Rehragout:
- 1 kg Rehragout (aus Hals und Schulter)
- 2 Zwiebeln
- ½ Knolle Sellerie
- ½ Karotte
- ½ Stange Lauch
- 1 Lorbeerblatt
- 3 Wacholderbeeren
- 2 Nelken
- 5 Pfefferkörner
- 0,75 l Rotwein (zum Beispiel Spätburgunder von Dolde Wein)
- 50 g Fett zum Anbraten
- 2 EL Tomatenmark
- 1 l Rehgrundsoße
- 1 EL Preiselbeeren
- Mondamin
- Salz, Pfeffer, Paprika edelsüß

Zutaten für die Rahmchampignons:
- 20 g Butter
- 1 EL Knoblauchöl
- 1 EL Basilikumöl
- 50 g Zwiebelwürfel
- 100 g Champignons
- 100 ml Sahne
- 5 g frische Kräuter der Saison (zum Beispiel Petersilie, Schnittlauch, Basilikum)
- Salz, Pfeffer

Zutaten für die Haselnuss-Spätzle:
- 5 Eier
- 270 g Dinkelmehl
- 1–2 EL gemahlene Haselnüsse
- Salz und Muskat
- 3 EL Sonnenblumenöl
- Margarine

Zubereitung

1. Das Fleisch in 50 g schwere Stücke schneiden. Das Gemüse waschen und schälen. Zwiebeln in nussgroße Stücke schneiden, so dass diese sich beim Kochen auflösen und für einen guten Geschmack und für eine gute Bindung sorgen. Sellerie, Karotte und Lauch etwas größer schneiden, diese werden später entfernt. Lorbeer, Wacholder, Nelke und Pfefferkörner in einer Moulinette zerkleinern.

2. Alles in ein hohes Gefäß mit zirka 5 Liter Fassungsvermögen geben. Fleisch, Gemüse und Gewürze mit Rotwein übergießen und am besten mit einer Klarsichtfolie andrücken, so dass das Fleisch luftdicht abgedeckt mindestens 1 bis maximal 2 Wochen eingelegt bleiben kann. Anschließend kühl stellen. Nach maximal 2 Wochen das Fleisch aus der Flüssigkeit herausnehmen (diese nicht wegschütten) und abtropfen lassen.

3. Mit Salz, Pfeffer und Paprika edelsüß würzen und in einem Topf im Fett scharf anbraten, mit Tomatenmark tomatisieren und mit dem eingelegten Rotwein mindestens drei- bis maximal sechsmal ablöschen. Mit dem restlichen Rotwein und der Rehgrundsoße auffüllen. Je nach Fleisch ½ bis 2 Stunden weich kochen.

4. Das Fleisch herausnehmen und in einen zweiten Topf geben. Dann die Preiselbeeren zur Soße geben, alles pürieren und zum Fleisch passieren. Noch einmal alles aufkochen, abschmecken und eventuell mit Mondamin abbinden.

5. Für die Rahmchampignons Butter in einer Pfanne zergehen lassen. Je ein Löffel Knoblauch- und Basilikumöl dazugeben. Zwiebelwürfel darin anschwitzen.

6. Champignons mit einer Bürste säubern, in Scheiben schneiden und dazugeben. Sobald sie sich leicht braun verfärben, salzen und pfeffern.

7. Mit Sahne ablöschen und etwas einkochen lassen. Die Kräuter hacken und unterrühren. Beim Anrichten 1 bis 2 EL geschlagene Sahne unterheben.

8. Für die Spätzle Eier aufschlagen, Salz und Muskat dazugeben und verquirlen, Mehl langsam einrieseln lassen und mit dem Kochlöffel kräftig aufschlagen.

9. Spätzle ins kochende Wasser schaben, kurz aufkochen lassen und in kaltem Wasser abschrecken. Abschütten, abtropfen lassen und etwas Öl untermengen.

10. Zum Anrichten das Ragout noch einmal richtig heiß machen. Die Spätzle in einer heißen Pfanne mit Margarine anschwenken. In der Zwischenzeit gemahlene Haselnüsse in einer Pfanne ohne Fett anrösten und dann zu den Spätzle geben. Eventuell noch einmal mit Salz und Muskat abschmecken. Mit Rahmpilzen und je nach Wunsch mit Gemüse, Preiselbeerapfel, Kräutern und Blüten garniert servieren.

EHESTETTER CHAMPIGNONS

Wildschweinrückenmedaillons mit Champignonkruste überbacken auf Kürbis-Schupfnudeln

Zutaten für 5 Personen

Zutaten für die Pilzkruste:
- 125 g Butter
- 125 g Weißbrot/Toast
- 150 g Champignons
- 10 g Butter
- Salz, Pfeffer

Zutaten für die Wildschweinrückenmedaillons:
- 1–2 Wildschweinrücken, zirka 750 g
- etwas Mehl zum Mehlieren
- etwas Fett zum Braten
- Salz, Pfeffer, Paprika edelsüß

Zutaten für die Kürbis-Schupfnudeln:
- 500 g Pellkartoffeln
- 150 g Mehl
- 1 Eigelb
- Öl
- 1 Kürbis
- Salz, Muskat

Zubereitung

1. Für die Pilzkruste Butter bei Zimmertemperatur weich werden lassen und aufschlagen. Toastbrot in einer Moulinette klein mixen. Champignons in grobe Würfel schneiden, in Butter anbraten, mit Salz und Pfeffer abschmecken. Wenn die Pilze etwas abgekühlt sind, alles vermischen und noch einmal abschmecken, die Masse in eine Klarsichtfolie zu einem Strang rollen und kaltstellen.

2. Wildschweinrücken vom Knochen lösen und die Haut sauber abparieren. Medaillons à 50 g schwer herausschneiden und leicht mit einem Fleischklopfer plätten. Mit Salz, Paprika edelsüß und Pfeffer würzen. Von beiden Seiten mehlieren und in einer heißen Pfanne 3 bis 5 Minuten von jeder Seite anbraten, so dass das Fleisch innen noch rosa ist. Aus der Pfanne nehmen. Von der Pilzkruste Scheiben abschneiden, auf das Fleisch legen und im Backofen bei 180 °C zirka höchstens 5 Minuten überbacken, wer es durch mag auch länger.

3. Für die Schupfnudeln Pellkartoffeln, am besten vom Vortag, in eine Schüssel pressen. Mehl, Eigelb, Salz und Muskat dazugeben. Alles gut durchkneten, bis eine homogene Masse entsteht. Mit einem Teigschaber ein Stück abschneiden und mit beiden Händen einen 1 Zentimeter dicken Strang formen, aus diesem zirka 1 cm lange Stücke schräg herausschneiden, mehlieren und zur Seite legen. In der Handfläche mit beiden Händen feine Schupfnudeln abdrehen und auf ein mehliertes Blech legen. Im kochenden Salzwasser einmal kurz aufkochen lassen und kalt abschrecken. Ölen und kalt stellen.

4. Kürbis waschen, schälen, entkernen und in 2 mm feine Streifen schneiden. Schupfnudeln in einer heißen Pfanne bis zur gewünschten Farbe anbraten und kurz vor Ende der Bratzeit die Kürbisstreifen dazugeben und noch einmal mit Salz und Muskat abschmecken.

[Schäfer Stotz, Münsingen]

Zusammen mit Gerhard Stotz und zirka 1000 Schafen sind wir einen halben Tag unterwegs auf dem ehemaligen Truppenübungsplatz bei Münsingen. Stotz hat einen noch nicht ganz ausgebildeten Hund bei sich und wir beobachten, welche Kommandos der Schäfer gibt und wie Hund und Schafe reagieren. Ruhig ist es hier, mitten in der Natur, ohne sichtbare menschliche Einrichtungen. Mit dem Schäfer redend und im Hüten gehend, schärfen sich die Sinne zum Hören, Sehen, Riechen. Um uns herum wächst die typische Albflora aus Gräsern, Thymian, Schafgarbe, Kleearten, Odermenning, Wegericharten, Prunella, Labkraut, Majoran, Natternkopf, Honigklee, Johanniskraut, Wegwarten, Disteln, Augentrost, Wilde Möhre, Skabiosen und Frauenmantel als Hochsommerflor, die natürlich auch bei den Schafen gut ankommen.

Auch der Vater war schon Schäfer, erzählt Stotz. Zunächst haben er und sein Bruder gemeinsam die Schäferei übernommen. Gerhard Stotz ist aber froh, dass die Schäferei dann geteilt worden ist. Der Bruder arbeitet auf der Gemarkung Bad Urach als selbstständiger Schäfer. Die Familie Stotz lässt ihre Tiere auf den Trockenrasenhängen des Beutenlay, des Hungerbergs, des Galgenbergs, des Weißgerbers, des Hochbergs und des Eichenlauhs sowie im Lautertal auf den Flächen bis Bichishausen weiden. Eine größere Fläche auf dem ehemaligen Truppenübungsplatz, nun Kerngebiet des Biosphärengebiets Schwäbische Alb, gehört ebenfalls dazu. Jede Fläche wird im Jahreslauf mehrmals beweidet.

Um hochwertiges Fleisch zu erhalten, setzt Stotz auf das Merinolandschaf in Reinzucht, welches teilweise mit Fleischrassenböcken aus England gekreuzt wird. Dort werden die Tiere vielfach in Gattern gehalten, das ergibt jedoch ein zu wenig wohlschmeckendes Muskelfleisch. Die Schafe von der Schwäbischen Alb sind muskulöser und widerstandsfähiger, weil sie sich mehr bewegen können. Doch dem nicht genug: Auch eine gesunde Mischung aus Weidehaltung, Wanderschäferei und Stallhaltung sowie Futtermischungen aus Trockenfutter und Getreide tragen zu einer guten Fleischqualität bei. Das Getreide kauft die Familie aus der Region, Silage, Heu und Emd kommen von eigenen und gepachteten Flächen. Das Stroh kaufen sie bei den Landwirten der Umgebung.

Gerhard Stotz ist für das Herdenmanagement zuständig. Seine Frau Bärbel kümmert sich um die Vermarktung und

Gerhard Stotz beim Hüten auf dem ehemaligen Truppenübungsplatz.

das Büro: Viele Gastronomiebetriebe in der Region und weit darüber hinaus bis Stuttgart und in den Schwarzwald beliefern sie regelmäßig mit Lammfleisch. Privatleute können das Lammfleisch ab Hof einkaufen. Ebenso finden sich ihre Produkte in vielen Metzgereien.

Der Sohn Christian ist in die elterliche Schäferei eingestiegen und ist für die Erntearbeiten und für die Ablammungen zuständig. Die Tochter studiert. Bei der Betriebsgröße sind auch einige Angestellte notwendig. Als zweites Standbein in der eigenen Wertschöpfungskette haben die Stotzens zusammen mit der Firma Flomax die Wolle der Schafe zu neuen Ehren gebracht – als hochwertiges Handstrickgarn und veredelt zu wunderschönen Wollkleidungsstücken.

Gerhard Stotz hat seine Lebensziele erreicht, das sagt er und man spürt es im Tun und Sein.

Schäfer Stotz

Gerhard Stotz, Bärbel Stotz, Christian Stotz,
Viehweide 2,
72525 Münsingen,
Telefon (0 73 81) 14 14
www.stotz-lamm.de, www.schaefer-stotz.de

■ [Engelwurz]
Angelica archangelica oder Angelica sylvestris

auch Angstwurz, Theriakwurz, Brustwurz, Geistwurzel, Glückenwurzel, Heiligenbitter, Luftwurzel, Zahnwurzel, Heiliggeistwurz genannt

Saison: Die Wurzel wird im zeitigen Frühjahr des zweiten Wuchsjahres oder im Herbst des ersten Wuchsjahres geerntet. Die Samen erntet man nach der Reife, die Stängel während des Wachstums im zweiten Wuchsjahr.

Botanik und Fundort: Engelwurz gehört zur Familie der Doldengewächse (Apiaceae) und wächst auf tiefgründigen, feuchten Böden an halbschattigen bis sonnigen Standorten. Man findet sie bevorzugt an Wegkreuzungen, besonders an solchen mit drei Wegen. Teilweise ist sie in der Natur sehr selten. Deshalb bitte nicht wild pflücken, sondern am besten im eigenen Garten anpflanzen. Engelwurz ist eine zweijährige Pflanze. Im ersten Jahr bildet sie große Blattschöpfe, erst im zweiten Wuchsjahr wächst der imposante Stängel mit dem charakteristischen halbkugelförmigen Blütenstand.

Inhaltsstoffe und Heilwirkung: Engelwurz enthält ätherisches Öl, Bitter- und Gerbstoffe, Stärke, Pektin, Zucker und Furocumarine. Sie stärkt den Magen, hilft bei Blähungen, wirkt harntreibend, reinigt das Blut und stärkt die Nerven. Die vermahlene Wurzel wird Speisen zur Stärkung beigesetzt, sie wirkt als Wundverschluss und gilt als Gegenmittel bei verschiedenen Vergiftungen.

Verwendete Pflanzenteile: Wurzel, Samen und Stängel

Gesundheitsrezepte: In den meisten Kräuterbittern ist Engelwurz enthalten, man kann sich ihre verdauungsfördernde anregende und zugleich beruhigende Wirkung aber auch mit Engelwurzwein oder mit einem selbst hergestellten Magenbitter zunutze machen. *Engelwurzwein:* 100 g Wurzel mit 1 l Rotwein und etwas Zimt und eventuell einer Nelke 10 Tage stehen lassen, dann abfiltern und im Kühlschrank aufbewahren. Jeden Tag ein Schnapsgläschen tut gut. *Magenbitter:* 12 g Engelwurzsamen, 7 g Anissamen, 7 g Alantwurzel, 12 g Sternanis, 4 g Tausendgüldenkraut und 4 g Weinstein werden vermischt und mit 2 l Obstbrand übergossen. 6 Wochen stehen lassen. Dann 500 g Zucker in etwas Wasser auflö-

sen und aufkochen lassen, anschließend mit der gefilterten Kräutermasse vermischen. In Flaschen abfüllen und noch etwas ruhen lassen. *Engelwurztinktur:* 100 g Wurzel mit 0,5 l Wodka übergießen, 2 Wochen stehen lassen, dann abfiltern und pro Tag maximal 30 Tropfen einnehmen. Bei starken Blähungen kann man hierzu noch Gänsefingerkraut in gleicher Menge zusetzen und mit ansetzen. Ein *Tee* aus den Blättern wirkt bei Asthma krampflösend, mit Wermut zusammen vertreibt er das Kältegefühl im Magen, wirkt blähungstreibend und regt den Gallefluss an. Zusammen mit Salbei und Eichenrinde vermischt, erhält man einen Tee, der die Haut reinigt und heilt. Engelwurz wirkt auch als *Badezusatz* und entschlackt die Haut. Dazu 100 g Wurzel oder Samen in 1 l Wasser zu einem starken Sud kochen, abseihen und ins Vollbad geben. Eine anschließende Massage der Haut mit Engelwurzöl oder einer Salbe, die ätherisches Öl der Engelwurz enthält, rundet die wohltuende, entschlackende Wirkung ab.

Aus dem Volksglauben: Engelwurz soll Zauber abwehren, diese Kräfte wurden von Erzengeln verliehen. Zur Abwehr gegen bösen Geister und Dämonen kann man Engelwurz bei sich tragen, was übrigens auch dazu verhelfen soll, dass man von jedermann geliebt und verehrt wird. Engelwurz soll vor allem auch Kinder schützen.

[Wegwarte] *Cichorium intybus*

auch Hansl am Weg, Zigeunerblume, Zichorie, Rattenwurz, Wegeleuchte genannt

Saison: April (Blätter), Herbst und Winter (Wurzel)

Botanik und Fundort: Die Wegwarte gehört zur Familie der Korbblütler (Asteraceae) und wächst in vollsonnigen Lagen, in der Regel tatsächlich an Wegrändern. Je tiefgründiger der Boden ist, umso kräftiger die Pflanze und umso strahlender das Blau der Blüten, die im Hochsommer sehr zahlreich und strahlend erscheinen. Die Blüten öffnen sich immer um 5 Uhr morgens und schließen sich nach zirka 5 Stunden wieder – eine Blumenuhr und etwas für Frühspaziergänger.

Inhaltsstoffe und Heilwirkung: Die Wegwarte enthält Inulin, Gerb- und Bitterstoffe, Mineralstoffe, vor allem Kalium und einige Vitamine. Aufgrund dieser Inhaltsstoffe wird die Pflanze zur Verdauungsförderung und Appetitanregung verwendet. Sie wirkt abführend und harntreibend. Der Tee aus der Wurzel oder dem Kraut, eventuell vermischt mit Löwenzahn, regt die Verdauung an, unterstützt die Galle und die Milz. Außerdem sind Bitterstoffe anregend fürs Gemüt – bitter macht lustig!

Verwendete Pflanzenteile: Verwendet werden die Blätter im Frühjahr und Sommer, die Wurzeln im Herbst und Winter. Aus den Wurzeln, die einige Stunden eingeweicht werden müssen, um die Bitterstoffe etwas zu reduzieren, kann man ein Gemüse kochen, das auch für Diabetiker geeignet ist.

Gesundheitsrezepte: Für einen *Wegwartentee* 1 Teelöffel Wurzel oder Kraut in 250 ml kaltes Wasser geben und aufkochen. Nach zirka 2 Minuten abseihen und nicht mehr als 3 Tassen pro Tag trinken. Aus einem starken *Teeaufguss* kann man Umschläge und Auflagen herstellen, um Hautunreinheiten zu beruhigen. Auch müde Augen werden wieder klar und frisch. Die Wurzeln lassen sich zusammen mit etwas Zucker rösten, trocknen und vermahlen. Dies gibt aufgegossen einen *Zichorienkaffee,* ein koffeinfreies, gesundheitsförderndes Getränk. Der Chicorée ist eine gärtnerisch kultivierte Variation der Wegwarte. Im Winter im Keller dunkel angetrieben, entwickelt sich aus den Wurzeln der bekannte Chicoréesalat. Für einen *Wegwartenwein* 2 EL Wegwartenwurzel, 1 Handvoll Blüten, jeweils 1 Handvoll Ysop und Zitronenmelisse, eine halbierte Vanillestange und 3 EL braunen Zucker mit Rotwein übergießen. Alle Pflanzenteile müssen bedeckt sein. Das Glas verschlossen 2 bis 3 Wochen an einem warmen Ort

ziehen lassen. Immer wieder aufschütteln. Abseihen und gut ausdrücken. Jeden Tag ein Likörgläschen davon getrunken erhellt das Gemüt und fördert die Verdauung.

Aus dem Volksglauben: Die Legende sagt, dass die Wegwarte ein Mädchen war, deren Liebster in den Krieg zog. Er kam nicht mehr zurück und seither steht sie da und wartet. Die Wegwarte ist eine heilige Pflanze – sie schützt vor allem Bösen. Wer sie pflückte, dem wurde in allen Dingen geholfen. Die Wurzel diente als Talisman, so dass man keines unnatürlichen Todes sterben konnte. Unters Kopfkissen gelegt, zeigte die Wurzel im Traum einen Dieb, sofern man bestohlen worden war.

TIPP: *Wegwarte ist ein natürlicher pH-Indikator. Legt man die blauen Blüten vorsichtig (!) auf einen Ameisenhaufen, so färben sie sich durch die Säure, die die Ameisen dem vermeintlichen Feind überspritzen, rot wie Lackmuspapier.*

Lamm-Maultaschen mit Ziegenkäseschaum und Orangenthymian

Zutaten für 5 Personen

Zutaten für den Nudelteig:

250 g	Mehl
2	Eigelb
1	Ei
1 EL	Sonnenblumenöl
2 EL	Wasser
	Salz

Zutaten für die Füllung:

400 g	Lammkeule
5 EL	Rapsöl
250 g	Zwiebelwürfel
1 EL	Tomatenmark
1	Knoblauchzehe
1	Zweig Rosmarin
2	Zweige Thymian
0,4 l	Rotwein
300 g	Champignons (zum Beispiel von Geiselhardt in Ehestetten)
150 g	Ziegenfrischkäse
	etwas Orangenthymian
	Eigelb
	Salz, Pfeffer

Zutaten für den Ziegenkäseschaum:

100 ml	Orangensaft
100 ml	Sahne
	etwas Orangenthymian
100 g	Ziegenfrischkäse
1 TL	Honig
	Salz, Muskat, Pfeffer

Zubereitung

1. Alle Zutaten für den Nudelteig in einer Rührmaschine zu einem festen Teig kneten und 2 Stunden kalt stellen.

2. Lammkeule in kleine Würfel schneiden, mit Salz und Pfeffer würzen und in Rapsöl scharf anbraten. Die Zwiebelwürfel zum Fleisch und gut mit anschwitzen, bis sie glasig sind.

3. Tomatenmark, Knoblauch, Rosmarin und Thymian dazugeben und mit Rotwein mehrmals ablöschen. Eine halbe Stunde bei geringer Hitze köcheln lassen, danach kalt stellen.

4. Nudelteig mit der Nudelmaschine oder mit dem Wellholz in Bahnen ausrollen. Mit einem Löffel kleine Portionen der Füllung auf die Nudelbahnen geben und auf jede Portion einen TL Ziegenfrischkäse und ein paar Orangenthymianblätter legen.

5. Teig gut mit Eigelb bepinseln und noch eine Nudelbahn darüberlegen, gut an den Seiten andrücken. Quer zur Teigbahn Kerben eindrücken und so die einzelnen Maultaschen formen. Die Maultaschen mit einem Messer oder einem Teigrad auseinanderschneiden und für 4 Minuten in Salzwasser köcheln lassen, herausnehmen und warm stellen.

6. Für den Ziegenkäseschaum Orangensaft auf die Hälfte einkochen, dann die Sahne hinzufügen. Nochmals 2 Minuten köcheln lassen. Mit Orangenthymian, Salz, Pfeffer und Muskat würzen. Den Ziegenkäse und den Honig dazugeben, alles aufmixen und die Soße über die warm gestellten Lamm-Maultaschen geben.

■ Lammragout

Zutaten für 5 Personen

1 kg	Lammbug (in 30- bis 40-g-Würfel schneiden)
4 EL	Knoblauchöl
1 kg	Zwiebelstreifen, fein geschnitten
2 EL	Tomatenmark
0,2 l	Rotwein
2 EL	Senf
8	Zweige Rosmarin
	Zitronenabrieb
	Kümmel
	Paprika edelsüß
5	Zweige wilder Majoran
1 l	Brühe
	Salz, Pfeffer

Zubereitung

1. Lammwürfel salzen und pfeffern und in heißem Fett anbraten. Die fein geschnittenen Zwiebel dazugeben und gut andünsten. Das Tomatenmark hinzufügen, kurz anbraten und mit Rotwein mehrmals ablöschen.

2. Die Gewürze dazugeben und mit der Brühe auffüllen. Zirka 1,5 Stunden köcheln lassen.

TIPP: *Dazu passen hervorragend Dinkelspätzle oder Rosmarinkartoffeln.*

■ Lammrücken mit Wegwarte oder Löwenzahn

Zutaten für 5 Personen

1	Lammrücken am Stück, zirka 2 kg (Knochen für eine Soße verarbeiten, ausgelöst 600–800 g)
300 g	Kalbfleisch aus der Hüfte
300 ml	Sahne
50 ml	Eiweiß
50 g	Wegwarte oder Löwenzahnblätter
200 g	Schweinenetz zum Einpacken
	etwas Pflanzenfett
	Salz, Pfeffer, Paprika edelsüß, Cayennepfeffer
	etwas Sherry
	Albheu

Zubereitung

1. Den Lammrücken auslösen, sauber abparieren und in 80 bis 100 g schwere Stücke portionieren. Mit Salz, Pfeffer und Paprika edelsüß würzen. In einer heißen Pfanne mit etwas Fett von beiden Seiten etwa 15 Sekunden kurz anbraten und zur Seite stellen.

2. In der Zwischenzeit eine Kalbsfarce herstellen. Dazu das eiskalte Kalbfleisch klein würfeln und in einer Moulinette mit etwas Sahne pürieren. Nach und nach die restliche Sahne und das Eiweiß dazugeben. Mit Salz, Pfeffer, Cayennepfeffer und etwas Sherry abschmecken. Die Masse durch ein Sieb streichen.

Sauerbraten vom Alblamm in Apfelsößle

Zutaten für 5 Personen

1,5 kg	*Lammschulter*
	Mire poix (1 Zwiebel, 1/2 Karotte, 1/4 Sellerie und 1/2 Stange Lauch)
3	*Äpfel*
1	*Zweig Orangenthymian*
1	*Zweig Rosmarin*
1	*Lorbeerblatt*
250 ml	*Apfelessig*
775 ml	*Rotwein*
500 ml	*Wasser*
1 EL	*Tomatenmark*
1 EL	*Honig*
	etwas Fett zum Braten
	Salz, Pfeffer, Paprika edelsüß

Zubereitung

1. Lammschulter auslösen, in 2 bis 3 gleich große Teile schneiden und in ein hohes Gefäß zum Einlegen geben. Gemüse und 2 Äpfel in grobe Würfel schneiden und gemeinsam mit Orangenthymian, Rosmarin, Lorbeerblatt auf dem Lammfleisch verteilen. Mit Apfelessig, 625 ml Rotwein und Wasser aufgießen und eine Woche in den Kühlschrank zum Beizen stellen.

2. Das Lammfleisch aus der Beize nehmen und abtropfen lassen. Mit Salz, Pfeffer und Paprika edelsüß würzen. Mit etwas Pflanzenfett von allen Seiten gut anbraten (am besten in einem feuerfesten Topf mit Deckel) und herausneh-

---

3. Wegwarte oder Löwenzahn waschen, 1 Minute blanchieren, kalt unter die Farce rühren und noch einmal abschmecken.

4. Schweinenetz auf einem Küchentuch ausbreiten, eine zirka 2 mm dünne Schicht der Farce auftragen und den vorgebratenen Lammrücken darin einpacken.

5. Backofen auf 180 °C vorheizen. Den Lammrücken im Schweinenetz in einer heißen Pfanne von allen vier Seiten höchstens 2 bis 4 Minuten kurz anbraten. In eine Pfanne oder einen Bräter so viel Albheu geben, dass der Boden bedeckt ist. Darauf das Fleisch setzen und bei 180 °C 10 Minuten backen, aus dem Ofen nehmen und 2 bis 5 Minuten ruhen lassen, aufschneiden und servieren.

men. Das eingelegte Gemüse aus der Flüssigkeit passieren und im selben Topf gut anbraten. Mit dem Tomatenmark tomatisieren.

3. Zwei- bis dreimal mit dem restlichen Rotwein ablöschen und mit der Beize auffüllen. Den Fond aufkochen lassen und das Lammfleisch dazugeben. Mit einem Deckel verschließen und bei 150 °C zirka 90 Minuten im Backofen schmoren lassen. Das Lammfleisch herausnehmen und die Soße pürieren. Honig dazugeben, die Soße abschmecken und durch ein feines Spitzsieb passieren. Alles aufkochen lassen, mit einer Schöpfkelle den Schaum abschöpfen und eventuell noch etwas reduzieren lassen. Einen Apfel in feine Würfel schneiden und dazugeben. Die geschmorte Lammschulter aufschneiden und in der Soße mit warm machen und auf Tellern verteilen.

TIPP: *Dazu passen Dinkelspätzle sehr gut.*

■ Geschnetzeltes vom Alblamm mit Ehestetter Pilzen und Engelwurz

Zutaten für 5 Personen

1	*Engelwurzwurzel getrocknet, 10 cm Länge*
5	*Engelwurzblätter*
0,3 l	*Rotwein (zum Beispiel von Dolde Wein)*
500 g	*Lammkeule*
250 g	*Champignons (zum Beispiel von Geiselhardt aus Ehestetten)*
100 g	*Zwiebelwürfel*
10	*Bärlauchblätter*
0,3 l	*Bratenjus (siehe Seite 143)*
	Butterschmalz
	Salz, Pfeffer

Zubereitung

1. Engelwurzwurzel klein schneiden, mit den Engelwurzblättern und dem Rotwein bis zur Hälfte einkochen lassen und passieren.

2. Lammkeule sauber abparieren und in feine Scheiben schneiden. Das Fleisch mit Salz und Pfeffer würzen und in heißem Butterschmalz anbraten. Fleisch aus der Pfanne nehmen. Die Pilze säubern und klein schneiden und gemeinsam mit den Zwiebelwürfeln anbraten. Mit dem passierten Engelwurz-Rotweinfond ablöschen.

3. Die Bärlauchblätter klein schneiden, dazugeben und mit Bratenjus auffüllen. Aufkochen lassen und zum Schluss das angebratene Lammfleisch hinzufügen. Auf Teller verteilen und am besten mit Kartoffelgratin oder Nudeln und grüne Bohnen servieren.

[Geflügelhof Gerd Vöhringer, Steingebronn]

Neugierige Truthähne begrüßen uns.

Der Hof der Familie Vöhringer liegt am Waldrand außerhalb des Dorfes Steingebronn, nur zirka sieben Kilometer von Münsingen entfernt. Schon seit über 15 Jahren wird das Acker- und Grünland ohne chemische Spritz- und Düngemittel bewirtschaftet. Vor rund zehn Jahren folgte dann die Umstellung auf biologische Wirtschaftsweise.

Auf dem Hof finden wir eine Herde Milchkühe, die einen Außenklimastall mit Rollladen und Auslauf ihr Eigen nennen und für das Abweiden der steilen Südhänge des Hofes zuständig sind.

Uns interessiert aber das Geflügel, das auf den Weiden des Hofes nicht zu übersehen und zu überhören ist. Die Landgockel haben einen extra Auslauf mit Unterschlupf bietendem Gehölz und Fichten sowie viel Platz zum Scharren. Die jungen Perlhühner sind zum Schutz vor dem Marder in eigenen Volieren untergebracht.

Als Ackerfrüchte baut Gerd Vöhringer Alblaisa, Weizen, Tritikale, Erbsen und Hafer als Futterpflanze an. Einige Kartoffelreihen kamen dieses Jahr dazu. Brennnesseln, unerlässlich zur Gesunderhaltung vor allem der Puten, wächst sowieso auf dem Hof.

Die Küken werden gekauft, die Gänseeier zum Teil selbst bebrütet. Das erste Futter in Form von Pellets wird von einer Biolandfuttermühle für die ersten zwei bis drei Wochen der Mast zugekauft. Gerd Vöhringer lässt bei der Gänseaufzucht von Anfang an ein Radio laufen, damit die »Angst-

Jürgen Autenrieth gemeinsam mit Gerd Vöhringer auf dem Geflügelhof.

hasen« an Geräusche gewöhnt werden. Gänse brauchen eine starke Prägephase, erklärt er uns. Damit die Gänse leichter zu führen sind, bleiben einige, zum Teil schon sehr alte Tiere am Leben und üben eine Vorbildfunktion für die jungen Gänse aus. Puten dagegen sind neugierig, sie kommen zum Zaun, sind dankbar für eine Ansprache und sind interessiert an ihrer Umgebung.

Die Enten könnten wegfliegen, aber ihnen scheint es auf dem Hof sehr gut zu gefallen – also bleiben sie. Sie brauchen eine Bademöglichkeit und getrennte Tränken zum Trinken. Aus hygienischen Gründen ist ein Teich schwer zu unterhalten, deshalb stehen überall auf den Weidewiesen mit Wasser gefüllte Tränken und mehrere Wasserwannen zur Pflege des Gefieders.

Bei unserem Rundgang sagt Gerd Vöhringer: »Ein Lebewesen stirbt für uns, deshalb hat es das Tier verdient, mit Anstand gehalten und behandelt zu werden. Auch das Schlachten der Tiere auf unserem Hof machen wir in dem Bewusstsein, dass ein Lebewesen für uns stirbt.« Die Dankbarkeit für das Essen und das Lebensmittel Tier wird spürbar. Hier macht nicht der Landwirt das eine und der Metzger das andere und der Verbraucher bekommt von dem ganzen Prozess nichts mit. Im Gegenteil: Von der Aufzucht bis zur Schlachtung liegt alles in Vöhringers Hand.

Geflügelhof Gerd Vöhringer
Auf dem Hochgesträß 1,
72532 Gomadingen-Steingebronn,
Telefon (0 73 85) 4 97

[Guter Heinrich]
Chenopodium bonus-henricus
auch Wilder Spinat, Dorfgänsefuß genannt

Saison: Frühjahr

Botanik und Fundort: Der Gute Heinrich gehört zu den Gänsefußgewächsen (Chenopodiaceae) und wächst in voller Sonne auf eher lehmigen Böden. Früher war er weitverbreitet und oft vergesellschaftet mit der Brennnessel, heutzutage ist er selten geworden. Vielerorts ist er ganz verschwunden und muss gärtnerisch kultiviert werden. Er steht unter Naturschutz und sollte daher im Garten ausgesät werden.

Inhaltsstoffe und Heilwirkung: Er enthält Saponine, Eiweiße, viele Vitamine und Mineralstoffe.

Verwendete Pflanzenteile: Vor allem die jungen Blätter und Triebspitzen, die leicht rötlich sind und wie bemehlt aussehen, sind ein wohlschmeckendes Gemüse oder lassen sich als Salat verspeisen. Wenn die Blüten erscheinen, wird der Geschmack bitter und herb. Zur äußerlichen Anwendung wurden früher gekochte Blätter für Umschläge verwendet, um Hautausschläge zu heilen. Aus den Wurzeln wurde ein Hustenmittel für Schafe hergestellt. Der Gute Heinrich sollte nur frisch verwendet werden.

Aus dem Volksglauben: Kobolde, die mit den Menschen Schabernack treiben, sollen Gänsefüße haben. Sie wohnen im Guten Heinrich, weil seine Blätter wie Gänsefüße aussehen. Diese guten Kobolde helfen Menschen und Tieren bei der Wundheilung und sorgen dafür, dass Kühe mehr Milch geben.

■ **[Feldthymian]** *Thymus serphyllum*

auch Quendel, Demut, Hühnerkohl, Immenkraut, Kuttelkraut genannt

Saison: Entsprechend der Blütezeit von Mai bis Herbst kann man Thymian das ganze Jahr sammeln.

Botanik und Fundort: Thymian gehört zur Familie der Lippenblütler (Lamiaceae). Er ist ein winterharter, mehrjähriger Halbstrauch mit einer Wuchshöhe von bis zu 25 Zentimeter. Die auf den Wacholderheiden der Schwäbischen Alb zu findenden Thymianarten sind bis zu 5 Zentimeter hoch und bilden kleine dichtbelaubte Polster, oft auf Ameisenhügeln. Hier findet sich auch häufig der Thymianbläuling, ein Schmetterling, der an die Kombination von Thymian und Ameisenhügel zur Entwicklung gebunden ist. Neben unserem einheimischen Feldthymian erfreuen sich Zitronen- oder Orangenthymian einer großen Beliebtheit. Beide Duftthymianarten und deren weitere Sorten mit zum Teil wunderbar gelbem oder weißlich geflecktem oder marmoriertem Blattwerk besitzen die gleichen Heileigenschaften wie unser Feldthymian. Allerdings erhält man hierbei stark nach Zitronen oder nach Orange duftende und schmeckende Varianten. Dies ist nicht nur beim Kochen, sondern auch bei Heiltees eine Bereicherung.

Inhaltsstoffe und Heilwirkung: Thymian enthält ätherische Öle, Gerb- und Bitterstoffe, Saponine und Eisen. Thymian wirkt antiseptisch, krampf- und schleimlösend. Die verdauungsfördernde Wirkung machen wir uns bei allen Rezepten in der Küche zunutze. Kräftigend wirkt beispielsweise Thymianwein oder Thymianlikör. Ein Thymianölauszug hilft bei Rheumatismus und ein Sirup bei Husten.

Verwendete Pflanzenteile: Man verwendet die frischen, beblätterten Teile des blühenden Krautes mit den Blüten.

Gesundheitsrezepte: *Thymianwein:* 1 Teil Kraut mit 5 Teilen Weißwein übergießen und 1 Woche stehen lassen, anschließend abseihen und jeden Tag ein kleines Gläschen trinken. *Thymianlikör:* 50 g Thymian mit 1 l Wodka oder Korn übergießen und 4 Tage ziehen lassen. 300 g Zucker und 0,5 l Wasser vermischen und den Alkoholauszug daruntermischen, abfiltern und dunkel und kühl lagern. Einige Wochen ruhen lassen und dann genießen.

Thymiansirup: Abwechselnd gequetschtes Kraut (am besten mit dem Nudelholz) und eine dicke Schicht Zucker in ein Gefäß füllen und immer wieder beide Schichten gut pressen, damit sich möglichst keine Luft zwischen Zucker und Thymian befindet. Den Thymian befeuchten, damit sich der Zucker löst. Das Glas gut verschließen und 3 Wochen warm stehen lassen. Dann durch ein Sieb seihen. Der Sirup kann gegen Husten sofort verwendet werden. Um ihn noch haltbarer zu machen, kann man ihn kurz aufkochen.

Aus dem Volksglauben: Thymian ist auch ein Mittel gegen böse Einflüsse und Dämonen und gilt als Schutzpflanze gegen Blitzschläge. Wenn man sich das Kraut unters Kopfkissen legt, sorgt es für einen erholsamen Schlaf ohne Albträume. Frauen mit Thymian im Haar werden unwiderstehlich. Die Pflanze wird als Reinigungspflanze beim Räuchern eingesetzt. Im Frühling lassen sich mit einem magischen Reinigungsbad aus Thymian und Majoran alle Sorgen und Erkrankungen der Vergangenheit wegwaschen. Thymian soll Mut und Energie sowie die Fähigkeit Elfen zu sehen verleihen.

■ Landgockelbrust Albzarella mit Blattspinat oder Gutem Heinrich und Orangensoße

Zutaten für 5 Personen

Für die Landgockelbrüste:
- 5 *Landgockelbrüste*
- 10 *Scheiben Albzarella*
- 5 *große Blätter Spinat oder junger Guter Heinrich*
- *Butterschmalz*
- 400 g *Blattspinat oder junger Guter Heinrich*
- *Butter*
- *Zwiebel, gewürfelt*
- *Salz, Pfeffer, Muskat*

Für die Orangensoße mit Orangenthymian:
- 20 g *Zucker*
- 1 cl *Holunderblütenessig*
- 0,25 l *Orangensaft*
- 5 *Zweige Orangenthymian*
- 150 ml *Sahne*
- 100 g *Crème fraîche*
- *Salz, Cayennepfeffer*

Zubereitung

1. Die Brust mit dem Flügelknochen aus dem Landgockel herauslösen und eine Tasche einschneiden. Zwei Scheiben Albzarella mit einem Blatt Spinat oder Gutem Heinrich umwickeln und in die Brusttasche stecken.

2. Das Fleisch mit Salz und Pfeffer würzen, in Butterschmalz auf beiden Seiten anbraten und anschließend 10 Minuten im Backofen bei 160 °C ruhen lassen.

3. In der Zwischenzeit Blattspinat oder Guter Heinrich waschen und von den Stielen befreien. In siedendem Wasser blanchieren und kalt abschrecken, trocken abseihen, mit Zwiebelwürfeln in Butter anschwitzen und mit Salz und Muskat abschmecken.

4. Für die Soße den Zucker in einem Topf karamellisieren lassen und mit Holunderblütenessig und Orangensaft ablöschen. Orangenthymian zufügen. Auf ein Viertel reduzieren lassen. Die kalte Sahne und Crème fraîche unter ständigem Rühren dazugeben und zum Schluss mit Salz und Cayennepfeffer abschmecken.

5. Das Fleisch aufschneiden und mit dem Gemüse und der Soße servieren.

Entenbrust an Hagebuttensoße mit Wildkräutersalat

Zutaten für 5 Personen

Für die Entenbrust mit Hagebuttensoße:
- 2 Entenbrüste
- etwas Fett zum Braten
- Salz, Pfeffer, Paprika edelsüß

Für die Hagebuttensoße:
- 2 Orangen zum Filetieren
- 1 TL Zucker
- 20 ml Hägensherry
- 100 ml Hagebuttenmark
- 100 ml Geflügelgrundsoße (siehe Seite 146)
- 20 g Butter

Für den Wildkräutersalat mit Orangen-Hagebutten-Vinaigrette:
- 500 g Wildkräutersalatmischung
- Beeren zum Garnieren, zum Beispiel Johannisbeeren
- Früchte zum Garnieren, zum Beispiel Physalis
- 50 g Zwiebelwürfel
- 250 ml Orangensaft
- 10 EL Hagebutten-Orangen-Essig
- 20 EL Gemüsebrühe
- 5 EL Hagebuttenmark
- 25 EL Bucheckernöl
- Salz, Zucker

Zubereitung

1. Die Haut der Entenbrust einritzen und mit Salz, Pfeffer und Paprika edelsüß würzen. Das Fleisch mit Fett in einer Pfanne scharf von beiden Seiten anbraten und anschließend im auf 160 °C vorgeheizten Backofen 10 Minuten weiterbraten. Herausnehmen und etwas ruhen lassen.

2. Für die Soße die Orangen filetieren und den dabei entstehenden Saft zum Ablöschen auffangen. Zucker in einem Topf karamellisieren lassen, mit Hägensherry und dem Saft der Orangen ablöschen. Mit Hagebuttenmark und der Geflügelgrundsoße auffüllen. Kalte Butter einrühren, mit einem Pürierstab mixen und aufkochen lassen. Dabei immer wieder am Rand das Fett mit einer Schöpfkelle abschöpfen.

3. Wildkräutersalat waschen und schleudern. Für die Vinaigrette Zwiebel in feine Würfel schneiden. 250 ml Orangensaft, Essig, Brühe, Hagebuttenmark und Bucheckernöl dazugeben und eventuell mit Salz und Zucker abschmecken. Die Vinaigrette unter den Salat mischen.

4. Das Fleisch in feine Scheiben schneiden und gemeinsam mit der Soße und dem Wildkräutersalat auf Tellern anrichten und mit den Orangenfilets, Beeren und Früchten garnieren.

Gebratene Gänseleber mit Orangenthymian und Feldsalat

Zutaten für 5 Personen

Für den Feldsalat:
- 250 g Feldsalat
- 1 EL Schalottenwürfel
- 50 ml Balsamicoessig
- 100 ml Olivenöl
- 50 ml Rotwein (zum Beispiel ein Roter Jura Cuvée von Dolde Wein)
- 10 g Bärlauchpesto
- 80 ml Gemüsebrühe
- Salz
- Pfeffer
- 1 TL Rohr-Zucker

Für die Gänseleber:
- 1 Apfel
- 350 g Gänseleber (zum Beispiel vom Geflügelhof Vöhringer)
- 50 g Butter
- 100 ml Aperol (zum Beispiel aus der Brennerei Walter, Dettingen an der Erms)
- 1 Prise Salz
- 1 Zweig Orangenthymian

Zubereitung

1. Feldsalat putzen, gründlich waschen und schleudern.

2. Alle Zutaten für die Vinaigrette abmessen und abwiegen, in einem hohen Gefäß mit einem Pürierstab gut durchmixen.

3. Den Feldsalat auf einem Teller anrichten und die Vinaigrette darübergeben.

4. Den Apfel waschen, schälen und in feine Würfel schneiden. Gänseleber von Sehnen, Arterien und Häutchen befreien und in einer heißen Pfanne mit Butter leicht anbraten. Aus der Pfanne nehmen, mit einer Prise Salz würzen und ruhen lassen.

5. In derselben Pfanne die Apfelwürfel anschwitzen und mit Aperol ablöschen. Die Gänseleber darin anschwenken, den abgezupften Orangenthymian dazugeben und sofort auf dem Feldsalat anrichten.

[Forellenzucht Honau]

Gerhard Gumpper und Jürgen Autenrieth bei den frisch geräucherten Forellen.

Wir sitzen zusammen mit Herrn Gumpper, dem Chef der Honauer Forellenzucht, im einladenden Ambiente des dazugehörigen Restaurants und erfahren mehr über die tägliche Arbeit und die Geschichte des Zuchtbetriebs.

Der Ururgroßvater ging 1870 in die USA, um das Bierbrauen zu lernen – zurück kam er mit Fachwissen und den ersten Eiern der Regenbogenforelle. Zwischen 1875 und 1890 entstand in Honau eine Brauerei. In den Jahren 1878 bis 1880 entwickelte er die Forellenzucht. Zu Beginn wurden die Eier noch direkt in die Quellmündung der Echaz eingesetzt. Kurz darauf konnten dann die ersten Teichanlagen angelegt und in Betrieb genommen werden. Daraus entwickelte sich für das ganze Haus ein Alleinstellungsmerkmal. Bereits zur Zeit von Gumppers Großmutter kamen die Städter, Studenten und andere Gäste aus Reutlingen und Tübingen, um in Honau zu feiern und Forellen zu essen.

Die Qualität der Honauer Lachsforellen, Regenbogenforellen und Saiblinge basiert auf zwei Grundlagen, wie Herr Gumpper erzählt: Zum einen das Quellwasser der Echaz, das mit konstanter Schüttung und relativ niedriger, gleich bleibender Temperatur dafür sorgt, dass die Tiere mit reinem Fischgeschmack aufwachsen. Zum anderen das Futter, das seit 40 Jahren vom gleichen Futterhersteller bezogen wird. Es besteht aus Fisch, Getreide und etwas Fischöl in hoher Qualität.

Die Fische wachsen im kalten Wasser relativ langsam heran, im Schnitt dauert es ein bis zwei Jahre, bevor sie schlachtreif sind. Die Fische werden täglich verarbeitet. Es wird jeweils zwei- bis dreimal kalt und heiß geräuchert. Es wird filetiert und es werden ganze frisch geschlachtete Fische angeboten.

Seit 1997 ist der Forellenzucht ein kleiner Laden angegliedert, der sich gleich beim Hoteleingang befindet. Dort lassen sich übrigens auch einige Fische im glasklaren Wasser bewundern.

Garantiert frischer Fisch kommt in Honau auf den Teller.

Viele Gastronomiekollegen kaufen seit Jahren ihre Süßwasserfische in Honau. Denn hier bekommen sie ein regionales Produkt in stets hoher Qualität, genauso wie es die Richtlinien der »Schmeck den Süden«-Wirte vorsieht.

Stolz ist Herr Gumpper auch darauf, dass er seit Jahrzehnten, überprüft durch den Fischgesundheitsdienstes des Landes, die EU-Zulassung »Seuchenfrei« erhält. Die Teiche sind mit Netzen überspannt, damit keine Vögel landen und Krankheiten einbringen können.

Forellenzucht Honau,
Forellenhof Rössle – Hotel und Restaurant,
Familien Gumpper und Stoll,
Heerstraße 20,
72805 Lichtenstein-Honau,
Telefon (0 71 29) 9 29 70,
www.forellenhof-roessle.de

[Beifuß] *Artemisia vulgaris*
auch Gänsekraut, Besenkraut, wilder Wermut, Dianakraut genannt

Saison: Juni (Blätter)

Botanik und Fundort: Der Beifuß gehört zur Familie der Korbblütler (Asteraceae). Er wächst in sonniger Lage auf jedem Boden.

Inhaltsstoffe und Heilwirkung: Beifuß enthält ätherisches Öl, Bitterstoffe, Inulin, die Vitamine A, C und etwas B, Gerbstoffe sowie Thujon in geringen Mengen. Die Bitterstoffe regen die Produktion der Verdauungsdrüsen im Magen, der Leber und der Bauchspeicheldrüse an. Sie wirken außerdem keimhemmend und helfen damit bei Magenleiden mit Mundgeruch. Beifuß erwärmt sehr stark. Deshalb ist ein Tee aus dem Kraut immer zu empfehlen, wenn man sich verkühlt oder erkältet hat. Er gilt als Mutter aller Heilpflanzen und ist vor allem eine wunderbare Frauenheilpflanze, die menstruationsfördernd wirkt. Er entkrampft und erwärmt die Unterleibsorgane, hilft unterstützend bei Geburten und in der Menopause. Während der Schwangerschaft darf er wegen der wehenanregenden Wirkung nicht getrunken werden.

Verwendete Pflanzenteile: Verwendet werden die Blätter vor der Blüte.

Gesundheitsrezepte: Für einen *Beifußtee* 1 TL Kraut mit 250 ml Wasser überbrühen, 5 Minuten ziehen lassen. 3 Tassen pro Tag reichen aus. Da die Bitterstoffe schon im Mund die Drüsentätigkeit anregen, bitte nicht süßen. Ein *Kräuterkissen* aus getrocknetem Beifuß, Steinklee und Lavendelblüten sorgt für einen tiefen Schlaf. Für *Beifußwein* 20 g Beifußblätter mit etwas Rosmarin und Pfefferminze vermischen und in 750 ml süßen Weißwein geben. Nach 10 Tagen Ziehzeit kann man jeden Tag ein Likörgläschen vor den Mahlzeiten trinken. Auch ein *Sitz-* oder ein *Fußbad* mit einem starken Teeaufguss erwärmt wohltuend und verschafft Linderung bei Blasenreizungen.

Aus dem Volksglauben: Beifuß gehörte zu den Johanniskräutern, aus denen man Kränze flocht, die in Johannisfeuer geworfen wurden. Dies diente zum Verbrennen alles Bösen und sollte Gesundheit im nächsten Jahr bescheren. Sicher wirksam ist der Rat, sich Beifußblätter in den Schuh zu legen, um müde Füße wieder fit zu machen. Beifuß ist wie sein enger Verwandter, der Wermut, Artemis, der griechischen Mond- und Muttergöttin, geweiht. Die Germanen weihten ihn der Liebesgöttin Freya, auch der Donnergott Thor nutzte die Kraft eines Beifußgürtels. Beim Räuchern klärt der Beifuß die Atmosphäre, er verleiht der Seele Licht und Kraft. Er dient als Schutz vor Bösem für Haus und Hof. Außerdem sorgt er für eine stimulierende und euphorische Stimmung und dient somit als Liebeszauberpflanze. Der Moxabeifuß, eine weitere Pflanze aus der Familie der Artemisia, wird zur Moxatherapie verwendet. Hierbei wird das Kraut auf den Akupunkturpunkten mit Hilfe spezieller Kegel verbrannt, ohne die Haut zu schädigen. Dies führt zu starker Wärmeentwicklung und fördert die Durchblutung.

INFO: *Aus Wermut und einigen anderen Kräutern wird der Albsinth hergestellt. Die leicht grünliche Farbe des Albsinth entsteht durch Beigabe von Ysop.*

[Melde] *Atriplex hortensis*
auch Mehlkraut, Gartenspinat genannt

Saison: Juli bis August

Botanik und Fundort: Die Melde gehört zur Familie der Gänsefußgewächse (Chenopodiacea). Sie ist eine einjährige Pflanze, die auf feuchten, eher stickstoffreichen Böden in sonniger Lage gedeiht. In der Natur ist sie, wie alle Gänsefußgewächse, selten geworden und steht teilweise unter Naturschutz. Bitte deshalb diese Pflanze nicht wild pflücken, sondern im Garten anpflanzen oder aussäen. Für den Garten gibt es dunkelrote Zuchtformen, die wunderschön aussehen. Melde sollte man frisch und vor allem im jungen Zustand essen.

Inhaltsstoffe und Heilwirkung: Melden gehören zu den sogenannten Gründonnerstagskräutern. Diese Kräuter enthalten viele Vitamine und Mineralstoffe, die gerade im Frühjahr den Stoffwechsel ankurbeln und Vitaminspeicher wieder auffüllen. Die Melde enthält zudem Eisen und wirkt so auch blutbildend. Aus den gemahlenen schwarzen Samen wird in Südrussland Brot gebacken. Die südamerikanische Quinoa ist eine Verwandte unserer Gartenmelde.

Verwendete Pflanzenteile: Blätter (vor der Blüte)

Gesundheitsrezepte: Als *Tee* gekocht wirken die Blätter bei Hautunreinheiten, sind wohltuend für Nieren und Blase, regen den Stoffwechsel an und wirken blutreinigend. Für diesen Tee 1 TL Meldeblätter mit 250 ml kochendem Wasser übergießen, 10 Minuten stehen lassen und abseihen. Hiervon nur 3 Tassen am Tag trinken.

TIPP: *Melde zählt zu den Färbepflanzen; sie färben blau. Die über Nacht eingeweichten Blätter lässt man 2 bis 3 Stunden köcheln, bis sie die nötige Farbintensität erreicht haben. Dann abkühlen lassen, das Färbegut hineingeben und langsam wieder erhitzen und eine Stunde lang sanft köcheln lassen. Farbüberschuss anschließend mit kaltem Wasser auswaschen.*

■ [Pimpinelle] *Sanguisorba minor*
auch Kleiner Wiesenknopf, Blutströpfle, Rotkopf, Herrgottsbart genannt

Saison: Frühjahr und Sommer

Botanik und Fundort: Der Kleine Wiesenknopf oder Pimpinelle gehört – wie auch sein großer Bruder, der Große Wiesenknopf – zu den Rosengewächsen. Beides sind mehrjährige Stauden. Für uns hier ist der Kleine Wiesenknopf bzw. die Pimpinelle die wichtigere Pflanze. Sie wächst auf den Trockenrasenhängen und in wenig gedüngten Wiesen an deren Rändern in voller Sonne und wird zirka 15 Zentimeter hoch, der Große Wiesenknopf mit den langen Blütenstielen wird 50 bis 80 Zentimeter groß.

Inhaltsstoffe und Heilwirkung: Die Pflanze enthält Flavonoide, Gerbstoffe, Saponine, Bitterstoffe, Vitamine und Mineralstoffe. Äußerlich als Lotion verwendet hilft Pimpinelle bei unreiner Haut, bei Sonnenbrand oder bei blutenden Wunden und Hämorrhoiden. Als Einmachkraut für Gurken und anderes Essiggemüse kann die Pimpinelle ebenso verwendet werden wie für Salate oder Suppen. Kräuterbutter, Kräuterquark oder Frischkäse sind weitere Zubereitungsmöglichkeiten.

Verwendete Pflanzenteile: Verwendet werden die frisch austreibenden Blätter. Oft sind die Blätter auch im Winter noch unter der Schneedecke grün, im Frühjahr gehören sie deshalb mit zu den ersten essbaren Blättern. Pimpinelle schmeckt leicht bitter und leicht nach Gurke.

Gesundheitsrezepte: Ein *Teeaufguss* hilft bei gereiztem Darm und dank ihrer Gerbstoffe lässt sich Pimpinelle auch gemeinsam mit anderen Kräutern bei Durchfall einsetzen. Hierzu werden 2 bis 3 TL frisch gepflückte oder 1 bis 2 TL getrocknete Blätter mit 250 ml Wasser aufgebrüht, kurz ziehen lassen und abseihen. Man trinkt 2 Tassen täglich. Für *Pimpinellewein* 2 bis 3 Handvoll frische Blätter mit 0,75 l Weißwein übergießen. 14 Tage an einem dunklen und kühlen Ort reifen lassen. Danach werden die Blätter ausgepresst. Dieser Wein fördert die Bekömmlichkeit. Bei Verdauungsbeschwerden am besten jeden Tag ein Glas zum Essen davon trinken.

Aus dem Volksglauben: Beim Darüberstreichen entströmt der Pflanze ein angenehmer Duft. Dies mag ein Grund dafür gewesen sein, dass die ersten Auswanderer nach Amerika Pimpinelle zur Erinnerung an die alte Heimat mitnahmen, aber auch, weil das kleine Kräutlein das Herz froh macht und den schlechtesten Wein bekömmlich.

Vitello tonnato mit Pimpinelle

Zutaten für 5 Personen

300 g	Kalbshüfte oder Kalbsoberschale
	Saft von 1 Zitrone
2 EL	Pimpinelle, fein gehackt
80 ml	trockener Weißwein
300 g	mit Chili und Honig gebeizte Lachsforelle (aus der Forellenzucht Honau)
200 g	Sauerrahm
10	Kapern ohne Stiel
20 ml	Zitronensaft
	Salz, schwarzer und weißer Pfeffer

Zubereitung

1. Kalbshüfte oder Kalbsoberschale sehr fein aufschneiden und in eine gebutterte Auflaufform einsetzen, ohne dass die Scheiben aufeinanderliegen. Mit Salz und Pfeffer würzen, etwas Zitronensaft und feingehackte Pimpinelle darübergeben und mit etwas Weißwein beträufeln. Die Auflaufform für 7 Minuten bei 120 °C in den Backofen stellen und das Kalbsfleisch darin garen.

2. Lachsforelle mit dem Sauerrahm und den Kapern, Zitronensaft und den Gewürzen in der Moulinette zu einer feinen, sämigen Soße pürieren.

3. Die gegarten Kalbfleischscheiben auf einen Teller legen, die Lachsforellensoße darübergeben und mit gehackter Pimpinelle bestreuen.

Frisch geräuchertes Lachsforellenfilet an Albsinth-Schaum auf Perlgraupenrisotto

Zutaten für 5 Personen

Für das Lachsforellenfilet:
- 350 g frisches Lachsforellenfilet
- 1 Zitrone
- frische Kräuter, zum Beispiel Dill, Wermut, Rosmarin oder Thymian
- Salz

Für das Perlgraupenrisotto:
- 150 g Perlgraupen
- 20 g Zwiebelwürfel
- 1 EL Knoblauchöl
- 1 EL Basilikumöl
- 200 ml Gemüsebrühe
- 50 g Albkäse
- Salz, Pfeffer

Für den Albsinth-Schaum:
- 50 ml Weißwein
- 200 ml Fischvelouté (siehe Seite 145)
- 1 EL Albsinth
- 1 EL geschlagene Sahne
- Cayennepfeffer
- Zitronensaft
- Kleeblüten, Salbeiblüten, Dill, Rosmarin
- blanchiertes Gemüse: zum Beispiel Kaiserschoten, Grüner Spargel

Zubereitung

1. Lachsforellenfilet filetieren, Gräten ziehen und in 60 bis 70 g schwere Stücke portionieren. Leicht mit Salz, mit dem Saft einer Zitrone würzen und in eine Alufolie mit frischen Kräutern einwickeln.

2. Das Filet in eine Sauteuse auf Räuchermehl legen und bei mittlerer Hitze zirka 5 Minuten räuchern, bis die Lachsforelle schön glasig ist.

3. Perlgraupen mit Zwiebelwürfel im Öl anschwitzen, mit etwas Salz und Pfeffer würzen und mit etwas Gemüsebrühe ablöschen. Mit der Brühe nach und nach aufgießen und das Perlgraupenrisotto bei niedriger Temperatur zirka 30 Minuten weich kochen. Beim Anrichten etwas Albkäse hineinreiben und noch einmal abschmecken.

4. Weißwein auf ein Drittel reduzieren lassen. Fischvelouté mit Albsinth, geschlagener Sahne, Cayennepfeffer und Zitronensaft abschmecken. Luftig mit einem Pürierstab aufmixen. Mit etwas blanchiertem Gemüse und frischen Kräutern an dem Lachsforellenfilet und Perlgraupenrisotto anrichten.

FORELLENZUCHT HONAU

Honauer Forellenmatjes mit Boskoop, Zwiebelsoße und roter Melde

Zutaten für 5 Personen

2	*Matjesforellenfilets*
1	*Zwiebel*
2	*säuerliche Boskoopäpfel*
2	*Essiggurken*
3 EL	*Sauerrahm*
2 EL	*Mayonnaise*
	etwas Zitronensaft
	gehackter Dill
30 g	*rote Melde*
	Salz, Cayennepfeffer

Zubereitung

1. Matjesforellenfilets, Zwiebel, Boskoops und Essiggurken in Würfel schneiden.

2. Sauerrahm und Mayonnaise dazugeben und mit Zitronensaft, Salz und etwas Cayennepfeffer abschmecken. Zum Schluss gehackten Dill untermischen.

3. Den Matjes-Salat auf Tellern anrichten und mit roter Melde garnieren.

[Bauernhof Schmid, Bremelau]

Julian Schmid zeigt uns seine reichhaltige Produktpalette.

Beim verabredeten Besuch auf dem Bauernhof Schmid in Bremelau führt uns Molkereimeister Julian Schmid durch den Betrieb. Er führt den Betrieb. Sein Vater stellte 1997 den damaligen Nebenerwerbsbetrieb auf den heutigen Vollerwerb um, im Jahr 1998 begann die Familie Schmid mit der Direktvermarktung ihrer Molkereiprodukte. Es werden seither Haushalte, aber auch viele Einzelhändler im Raum Münsingen, Reutlingen, Nürtingen und Ehingen mit Joghurt, Fruchtjoghurt und Frischkäse in vielen Sorten sowie Pudding beliefert.

Die Milch der eigenen Kühe wird direkt nach dem Melken verarbeitet, die Kühe können sich auf der Bewegungsweide frei bewegen, das Futter wird zu 95 Prozent selbst hergestellt. Es enthält keine genveränderten Pflanzen.

Nach dem Melken wird die Milch bei 74 Grad für 20 Sekunden erhitzt und pasteurisiert. Alle wichtigen Inhaltsstoffe der Milch, der Fett- und Eiweißgehalt, die im Übrigen je nach Jahreszeit und Futter schwanken können, sowie Vitamine und Mineralstoffe bleiben erhalten.

Zur Joghurtherstellung wird die Milch mit speziellen milden Milchsäurekulturen versetzt und leicht erwärmt. Für ihre leckeren Fruchtjoghurts verzichten die Schmids ganz auf Konservierungsstoffe und künstliche Aromen. Der Frischkäse wird mit anderen Milchsäurebakterien angesetzt, nachdem die Milch von der Molke befreit worden ist. Anschließend werden verschiedene getrocknete Kräuter und Salz zugesetzt.

Bauernhof Schmid
*Ehinger Straße 49,
72525 Münsingen-Bremelau,
Telefon (0 73 83) 94 24 02,
www.bauernhof-schmid.de*

BAUERNHOF SCHMID

■ **[Steinklee]** *Melilotus officinalis*

auch Honigklee genannt

Saison: Die Sammelzeit ist im Hochsommer, Juni bis August.

Botanik und Fundort: Steinklee gehört zu den Schmetterlingsblütlern und wird zirka 1 bis 1,20 Meter hoch. Er wächst in sonnigen Lagen auf trockenen Böden, oftmals an den Böschungen der Straßen und an Straßenrändern. Dort muss sich der Steinklee auch versamen, er ist eine zweijährige Pflanze.

Inhaltsstoffe und Heilwirkung: Steinklee enthält Cumarin, Melilotsäure, Gerbstoffe, Flavonoide, Calcium. Vor allem das Cumarin ist für die harntreibende, aber auch beruhigende und seelentröstende Wirkung verantwortlich. Im frischen, aber noch mehr im getrockneten Zustand riecht der Honigklee durch das Cumarin nach Waldmeister – ein Duft von Sommer zieht durch den Raum oder den Kleiderschrank – eine Hilfe gegen Motten und andere lästige Hausinsekten. Im Körper erweitern Cumarin und Flavonoide die Blutgefäße und verbessern die Durchblutung. Somit lässt sich Steinklee als Venenheilmittel bei Krampfadern mitverwenden, vor allem wenn Thrombosegefahr besteht. Allerdings darf Steinklee (wie übrigens auch Waldmeister) nicht zusammen mit blutverdünnenden Medikamenten verabreicht werden, da er deren Wirkung verstärkt und Blutungen auftreten können.

Verwendete Pflanzenteile: Verwendet werden die oberen blühenden Pflanzenteile.

Gesundheitsrezepte: Für einen *Steinkleetee* 2 TL mit 250 ml Wasser übergießen und zirka 10 Minuten ziehen lassen, maximal 3 Tassen am Tag trinken. Als Abendtee wirkt er beruhigend und fördert den Schlaf. Äußerlich wirkt der Tee auf Wunden und bei Drüsenschwellungen reinigend, schmerzstillend und entzündungshemmend. Für eine *Steinkleetinktur,* mit der sich Kopfschmerzen behandeln lassen, eine Handvoll Steinklee in ein Glas mit Schraubverschluss geben, Wodka darübergeben, bis die Pflanzen bedeckt sind, 10 Tage ziehen lassen, anschließend abseihen und nur tropfenweise verwenden. Die jungen Steinkleeblätter können im Salat mitverwendet werden. Allerdings ist Vorsicht geboten – bitte nur wenige Blättchen verwenden, zu viele Cumarine sind giftig.

Aus dem Volksglauben: Steinklee war früher ein wichtiges Futtermittel, bevor er durch den Rotklee verdrängt wurde. Für die Kelten war er heilig, symbolisierte die Lebenskraft und war ein unverzichtbarer Bestandteil des druidischen Zaubertranks. In den Schuh gelegt, sollte er Reisenden Schutz verleihen und deren Geschäfte einen guten Verlauf geben. In Kleider eingenäht, sollte er den Trägern eine sympathische Ausstrahlung verleihen.

Dinkel-Müsli mit Steinklee

Zutaten für 5 Personen

50 g	Musmehl
150 g	Dinkelflocken
200 ml	Milch
2	Äpfel
4	Orangen, plus Orangensaft
40 g	Honig
100 g	Joghurt
2 TL	Leinsamen
15	Blüten oder 1 Stängel gehackter Steinklee

Zubereitung

1. Musmehl mit den Dinkelflocken und der Milch verrühren. Die ungeschälten Äpfel dazureiben. Die Orangen filetieren und den Saft auffangen. Den Saft mit dem Honig und dem Joghurt ebenfalls untermischen. Alles mit Leinsamen und Steinklee verfeinern.

2. Müsli in Schälchen verteilen und mit den Orangenfilets garnieren.

TIPP: *Statt Steinklee passt zu diesem Müsli auch Mädesüß hervorragend.*

Bremelauer Joghurt-Panna cotta mit Steinklee

Zutaten für 5 Personen

400 ml	Sahne
30	gelbe Steinkleeblüten
1	Vanilleschote
8	Blatt Gelatine
	Abrieb und Saft einer Zitrone
600 ml	Joghurt
100 g	Puderzucker

Zubereitung

1. Sahne mit den Steinkleeblüten und der ausgekratzten Vanilleschote aufkochen und zirka 2 Stunden stehen lassen.

2. Gelatine in Wasser einweichen, anschließend ausdrücken und in der Sahne auflösen. Die Sahne sollte dafür noch mindestens eine Temperatur von 50 °C haben. Abrieb und Saft der Zitrone, Joghurt und Puderzucker hinzufügen und alles gut verrühren. In Förmchen oder Schalen abfüllen, kalt stellen und mit frischen Früchten servieren.

Baguette mit Coppa, Bremelauer Kräuterfrischkäse und Wiesenbärenklau

Zutaten für 5 Personen

- 1 Baguette
- etwas Butter
- 1 Zweig Rosmarin
- einige Salbeiblätter
- Salatblätter, zum Beispiel Batavia
- 15 Scheiben Coppaschinken (geräucherter Schweinehals)
- 200 g Frischkäse
- 10 Blätter Wiesenbärenklau, gehackt
- Salz, Pfeffer

Zubereitung

1. Baguette in Scheiben schneiden und in zerlassener Butter mit den Kräutern auf beiden Seiten knusprig anbraten. Anschließend mit Salatblättern und hauchdünn geschnittenen Coppaschinken belegen.
3. Den Frischkäse mit gehacktem Wiesenbärenklau, Salz und Pfeffer abschmecken und auf den Schinken spritzen.

[Altschulzenhof, Münzdorf]

Anton Engst filtert die frisch gemolkene Milch ab.

Seit 1867 gibt es den Hof der Familie Engst in Münzdorf schon, nun bereits in der vierten Generation. 1995 haben die jetzigen Bauern den Hof übernommen, seit 1997 gibt es die Käserei und zwei Jahre später kam der Hofladen dazu. Die Engsts stehen mit ihren Produkten in Ulm und Reutlingen auf dem Wochenmarkt und viele Hofläden und Metzgereien verkaufen die Molkereiprodukte.

Engsts haben 18 Kühe, seit sie sich mit ihrem Nachbarn Roland Tress in einer GbR zusammenfanden, haben sie nun 36 Kühe. Damit reicht die Milch für die eigene Verarbeitung. Höchstens einmal in der Woche kommt das Milchauto und fährt die Milch in die Molkerei. Die Engsts füttern eigenes Futter, genfreies Soja wird zugekauft.

Die Kühe dürfen ihre Hörner behalten, sie brauchen deshalb mehr Standplatz, sind aber ruhiger. Engsts haben einen mobilen Melkstand, so dass direkt auf den hofnahen Weiden gemolken wird. Elisabeth Engst ist es wichtig, aus ihrer Milch alles rauszuholen und zu verarbeiten. Das Motto der Familie könnte lauten: »Was um uns herum wächst, soll in die Produktion miteinfließen.« Hierdurch entsteht sowohl für die Produzenten als auch für die Käufer eine starke Identifikation mit der Region und ihren Produkten.

Die Produktpalette ist beeindruckend und reicht von Molkegetränken und Butter über Hartkäse bis hin zu Naturjoghurt. Im Einzelnen sind das Molke und Molkegetränke mit Johannisbeer-, ACE- und Holunderblütensirup, Butter als Sauerrahmbutter und neu mit Wacholder oder mit Kräutern versetzt, Butterschmalz, Hartkäse in verschiedenen Sorten – auch mit Wacholder (von den Wacholderheiden der Umgebung selbst gesammelt) und mit Kräutern der Alb – Käse mit bis zu drei Monaten langen Ruhezeiten sowie handgeschmierter Käse. Außerdem Buttermilchkäse als würziger Weichkäse und Naturjoghurt im Glas.

Elisabeth Engst zeigt stolz ihre Vielfalt an Produkten.

Elisabeth Engst hat drei Jahre als Sennerin auf einer Schweizer Alm gearbeitet und hier die Käseherstellung gelernt. So ganz nebenbei, als ob das alles nicht schon genug Arbeit machen würde, erziehen Engsts drei Kinder und kümmern sich liebevoll um die Feriengäste in den fünf Ferienwohnungen des Hofes.

Altschulzenhof
*Elisabeth Engst,
Lautertalstraße 50,
72534 Hayingen-Münzdorf
Telefon (0 73 86) 9 71 40
www.altschulzenhof.de*

[Mädesüß] *Filipendula ulmaria*

auch **Spierstaude, Wiesenkönigin, Immenkraut, Johanniswedel, Wiesengeißblatt, Krampfkraut, Wurmkraut, Ziegenbart** genannt

Saison: Blüte- und damit Erntezeit ist von Juli bis September.

Botanik und Fundort: Mädesüß gehört zur Familie der Rosengewächse (Rosaceae). Es wächst bevorzugt an feuchten Stellen in Ufernähe an sonnigen und halbschattigen Standorten. Im Garten kommt es auch mit einem etwas trockeneren Boden aus, der aber gut nährstoffreich sein sollte. Teilweise ist es sehr selten und steht deshalb unter Naturschutz. Bitte pflanzen Sie sich diese Pflanze deshalb in den Garten oder verwenden Sie getrocknete Pflanzen aus der Apotheke.

Inhaltsstoffe und Heilwirkung: Mädesüß enthält Salicylsäure, ätherisches Öl, Heliotropin, Vanillin, Terpene, Gerbstoffe, Schleimstoffe, Glycoside. Die enthaltene Salicylsäure ist das natürliche Vorbild synthetischer Schmerzmittel wie beispielsweise Aspirin. Die entzündungshemmende, schmerzlindernde und schweißtreibende Wirkung macht man sich vor allem bei allen Erkältungskrankheiten und allen entzündlich-rheumatischen Erkrankungen zunutze. Als Blutreinigungstee kann man bis zu 4 Tassen pro Tag als Kur trinken, hierbei wird die Harnmenge zur Entgiftung stark erhöht. Die Blüten schmecken süß und sind ein Zuckerersatz in allen Süßspeisen, vor allem sind sie gut mischbar in allen Fruchtgelees. Nicht zu viel davon verwenden, da sonst eher der »Medizingeschmack« durchkommt. Imker benutzen Mädesüß, um damit die Bienenstöcke auszureiben. In England wird Mädesüß verwendet, um Bier und Wein zu süßen.

Verwendete Pflanzenteile: Es werden die Blütenknospen verwendet. Die Blüten lassen sich in Früchtetees und zur Blütendekoration von Salaten und Desserts verwenden.

Gesundheitsrezepte: *Mädesüßsekt:* Dafür 3 bis 5 Blütentrauben über Nacht in einem Liter Apfelsaft ziehen lassen. Etwas Zitronensaft (Saft von $1/4$ Zitrone, je nach Geschmack auch mehr) und Mineralwasser (zirka 500 ml) dazugeben. Morgens abseihen und genießen. Wenn man das Mineralwasser durch Sekt ersetzt, entsteht ein alkoholisches Getränk für die Erwachsenen.

Aus dem Volksglauben: Mädesüß ist eine Schutzpflanze gegen alles Böse. Der Legende nach soll die heilige Maria Mädesüß ausgesät haben. Nach antikem Glauben soll eine Gottheit diese wunderbare Pflanze gefunden haben.

TIPP: *Mädesüß enthält auch Farbstoffe. Die Wurzel färbt schwarz, Blätter und Stängel blau und die Spitzen der Stängel hellgrün.*

■ Münzdorfer Käsecreme auf Dinkelbaguette

Zutaten für 5 Personen

200 g	Butter
400 g	Mutschli (Rotschmierkäse) und Brie
1	Zwiebel
3 EL	Weißwein
6	Kümmelkörner
	etwas frischer Schabzigerklee
	eine Messerspitze Schabzigerpulver
	Salz, weißer Pfeffer, Paprika edelsüß

Zubereitung

1. Butter mit einem Handrührgerät oder in der Küchenmaschine schaumig rühren, den Käse durch die Kartoffelpresse drücken und zur Butter geben.

2. Die Zwiebel in feine Würfel schneiden und mit den Gewürzen, dem Weißwein und dem Schabzigerklee untermischen. Das Ganze 3 bis 5 Minuten aufschlagen.

3. Dinkelbaguette aufschneiden, jeweils mit etwas Creme bestreichen und servieren.

■ Alb-Käsesuppe mit Silvaner und Mädesüß

Zutaten für 5 Personen

100 g	Zwiebelwürfel
70 g	Butter
300 g	würziger Albkäse
40 g	Mehl
0,5 l	Silvaner
0,7 l	Gemüse- oder Fleischbrühe
0,2 l	Sahne
10–15	Mädesüßblüten
	Salz, Muskat

Zubereitung

1. Zwiebel in Butter anschwitzen, den Käse klein schneiden und dazugeben. Mit Salz und Muskat würzen und mit Mehl bestäuben.

2. Silvaner, Brühe und Sahne dazugeben, aufkochen und zirka 5 Minuten köcheln lassen. Achtung brennt sehr schnell an!

3. Mit dem Pürierstab mixen, auf Teller verteilen und mit Mädesüßblüten garnieren.

TIPP: *Frischer Fenchel passt sehr gut dazu. Den Fenchel klein schneiden und gemeinsam mit dem Käse in den Topf geben.*

Gebackener Chicorée mit Chilibrie überbacken auf Blattspinat

Zutaten für 5 Personen

	Gemüsestreifen von ½ Karotte, ½ Stange Lauch, ½ Zucchini (insgesamt zirka 100 g)
20 ml	*Rapsöl*
5 Stück	*Chicorée*
50 g	*Rohrzucker*
15 g	*Honig*
500 ml	*Gemüsebrühe*
150 g	*Chilibrie*
500 g	*Blattspinat oder junge Blätter vom Guten Heinrich*
100 g	*Zwiebelwürfel*
50 g	*Margarine*
5 EL	*Knoblauchöl*
	Salz, Muskat, Pfeffer

Zubereitung

1. Lauch längs halbieren und in 2 bis 3 gleich lange Stücke schneiden. Daraus 4 bis 5 Zentimeter lange feine Streifen schneiden. Karotte und Zucchini mit einer Aufschnittmaschine 1 bis 2 Millimeter dick längs aufschneiden. Je nach Länge eventuell in der Mitte halbieren und in feine Streifen schneiden.

2. Die Gemüsestreifen im kochenden Salzwasser in Minutenabstand nach und nach blanchieren. Anschließend im Eiswasser abschrecken. Auf einem mit Rapsöl geölten Blech (am besten mit Rand) gleichmäßig verteilen.

4. Chicorée vierteln, den Strunk entfernen und nebeneinander auf die Gemüsestreifen legen. Zucker, Salz, Pfeffer und Honig auf dem Chicorée verteilen und mit der Brühe auffüllen. Bei 160 °C 20 Minuten bei Heißluft backen.

5. Anschließend Chilibrie mit einer Aufschnittmaschine 2 Millimeter dick aufschneiden, auf dem Chicorée verteilen und 2 bis 5 Minuten überbacken, bis der Käse schmilzt und eine schöne goldbraune Kruste entsteht.

6. In der Zwischenzeit Blattspinat oder Guter Heinrich waschen und blanchieren. In einer Sauteuse oder hohen Pfanne mit feinen Zwiebelwürfeln in Margarine und Knoblauchöl anschwitzen. Mit Salz, etwas Pfeffer und Muskat würzen.

7. Zum Anrichten Spinat oder Guten Heinrich in die Mitte vom Teller legen und den Chicorée darum verteilen. Mit Kirschtomaten, frischen Kräutern und Blüten garnieren.

[Hohensteiner Hofkäserei, Ödenwaldstetten]

Ob Albzarella, Rotkäs oder Baurakäs – auf dem Ödenwaldstetter Hof von Helmut Rauscher und Karin Delessert entstehen viele leckere Käsespezialitäten. Die Grundlage dafür ist die Rohmilch der eigenen Kühe und Albbüffel, die statt Silagefutter Heu und Gras zu fressen bekommen. Diese Art der Milch nennt man Heumilch. Zweimal am Tag werden die Kühe, einmal die Büffel gemolken und die Milch sofort verarbeitet.

Auf dem Bioland zertifizierten Betrieb lassen sich aber nicht nur allerlei Käse erstehen, sondern man kann auch hinter die Kulissen der Käserei blicken. »Mit viel Liebe richte ich den Käse an, der für Gruppen und Einzelpersonen zur Verkostung präsentiert wird«, sagt Karin Delessert, die Interessierte in die einzelnen Arbeitsschritte einführt, die auch heute noch mit viel Handarbeit verbunden sind. Dabei erfährt man beispielsweise, wie sich der Geschmack des Käses je nach Reifestand und Heu- oder Grasqualität verändert. Und natürlich dürfen auch die eigenen Käseprodukte verkostet werden. Ein rundum sinnlich erlebbares Ereignis wollen Delessert und Rauscher all ihren Gästen bereiten. Wer den Hof besucht, kann auch in den Genuss eines Alphornkonzertes kommen und das Instrument auch einmal selbst ausprobieren. Für Kinder werden sogenannte »Klassenzimmer auf dem Bauernhof« und Kindergeburtstage angeboten. Wer länger bleiben möchte, dem stehen Ferienwohnungen zur Verfügung.

Helmut Rauscher und Karin Delessert beim Verkosten.

Hohensteiner Hofkäserei
Helmut Rauscher, Karin Delessert
Heidäckerhof 1,
72531 Hohenstein-Ödenwaldstetten,
Telefon (0 73 87) 12 97
www.albkaes.de

HOHENSTEINER HOFKÄSEREI

Hohensteiner Käsevielfalt auf einen Blick.

[Salbei] *Salvia pratensis*

auch Wiesensalbei, Wilder Salbei, Schafzunge, Edelsalbei, Kreuzsalbei, Müsliblätter, Rauchsalbei, Sabikraut, Salver, Scharlachkraut genannt

Saison: Das Sammeln von Salbeiblättern ist nahezu das ganze Jahr über möglich, selbst im Winter kann man die Blätter des Heilsalbeis im Freien ernten. Wiesensalbei blüht von Mai bis Juli.

Botanik und Fundort: Der Wiesensalbei gehört zur Familie der Lippenblütler (Lamiaceae) und benötigt einen sehr sonnigen Standort. Er wächst auf kalkhaltigen, nährstoffreichen Böden. Daher findet man ihn auf trocken-warmen Fettwiesen, auf Kalkmager- oder Halbtrockenrasen.

Inhaltsstoffe und Heilwirkung: Salbei (sowohl der Wiesen- als auch der Heilsalbei) enthält Bitter- und Gerbstoffe, ätherisches Öl, Harz, Gummi, Saponine und Glykoside. Dementsprechend hat Salbei nicht nur eine entzündungshemmende und keimtötende, sondern auch eine krampflösende und schweißhemmende Wirkung. Salbei hilft gegen Nasen- und Rachenerkrankungen, gegen Koliken der Galle und Nieren, bei Verdauungsstörungen und Durchfall. Auch kann er Fuß- und Achselschweiß verhindern helfen. Salbei ist ein unverzichtbarer Bestandteil von Erkältungs- und Hustentees. Der Wiesensalbei weist zwar ähnliche Inhaltsstoffe wie der Heilsalbei auf, doch seine Wirkung ist etwas geringer als die des Heilsalbeis. Salbei ist seit langer Zeit Bestandteil desinfizierender und klärender Räuchermischungen.

Verwendete Pflanzenteile: Sowohl die Blätter als auch Blüten des Wiesensalbeis sind essbar. Da beide zwar ähnliche Wirkstoffe aufweisen wie die des Heilsalbeis, jedoch ein nicht ganz so starkes, bitteres Aroma besitzen, eignen sie sich besonders gut als Küchengewürz und sind in der Wildkräuterküche sehr beliebt.

Gesundheitsrezepte: Der Heilsalbei sollte in keinem Garten fehlen, denn wer täglich ein frisches Salbeiblatt kaut, bleibt lange gesund. Man kann sich auch einen *Salbeiwein* zubereiten: Dafür 1 Handvoll Salbeiblätter mit 700 ml süßem Wein übergießen, 10 Tage stehen lassen, abfiltern und jeden Tag ein kleines Gläschen davon trinken. Auf diese Weise kann man sich vor Erkältungskrankheiten schützen.

Aus dem Volksglauben: Die Heilige Familie fand auf der Flucht nach Ägypten vor ihren Verfolgern Schutz unter einem Salbeistrauch, deshalb erhielt er die Kraft, Menschen vor Krankheiten zu bewahren. Kein Wunder also, dass Sprüche überliefert sind wie: »Wer auf Salbei baut – den Tod kaum schaut«, oder: »Warum soll der Mensch sterben, dem Salbei im Garten wächst?«. Die starke Heilwirkung dieser Pflanze war demnach allseits bekannt. Außerdem soll ein Sträußchen Salbei das Einschlafen während der Predigt in der Kirche verhindern. Und Wiesensalbei in Scheunen und Vorratskammern gelegt, soll gegen Mäuse helfen, aber nur, wenn er am 4. Juli mittags gegen 12 Uhr gepflückt wurde.

TIPP: *Da Salbei ein robustes und aromastarkes Kraut ist, kann man ihn auch in Fett braten, was seine Bekömmlichkeit und seinen Geschmack sogar verbessert.*

■ Wildkräutersalat an Linsenvinaigrette mit gebackenen Albzarellascheiben und Rote-Bete-Chips

Zutaten für 5 Personen

50 g	Linsen
20 g	Zwiebelwürfel
1 EL	süßer Senf
150 ml	Fleischbrühe
10 EL	Essig
25 EL	Bucheckernöl
2	Kugeln Albzarella
50 g	Dinkelmehl
2	Eier
100 g	Dinkelbrösel
	etwas Fett
250 g	Wildkräutersalat (Löwenzahn, Brunnenkresse, Wildrauke, wilder Salbei, Spitzwegerich/Breitwegerich, Frauenmantel, Schafgarbe) Blüten (Kapuzinerkresseblüten, Veilchenblüten, Stiefmütterchen) Salz, Pfeffer

Für die Rote-Bete-Chips:

1	Rote Bete
100 g	Mehl
1 kg	Fett zum Frittieren

Zubereitung

1. Linsen einen Tag vorher in 100 ml Wasser einweichen.

2. Zwiebeln und Linsen anschwitzen, Senf, Salz und Pfeffer in einer Schüssel verrühren, anschließend zuerst die Fleischbrühe, dann Essig und zum Schluss das Öl einrühren.

3. Albzarella in Scheiben schneiden, mit Salz und Pfeffer würzen. Zweimal panieren: Zuerst im Mehl, dann in den aufgeschlagenen Eiern und in den Dinkelbröseln wälzen, dann noch zwei-

HOHENSTEINER HOFKÄSEREI

■ Käserisotto

Zutaten für 5 Personen

2	*Zwiebeln*
	Rapsöl
500 g	*Risottoreis*
50 ml	*Weißwein*
1 l	*Gemüsebrühe*
1	*Lorbeerblatt*
1	*Nelke*
200 g	*Albkäse*
	Salz, Muskat

Zubereitung

1. Eine Zwiebel in Würfel schneiden und in Rapsöl glasig andünsten, mit Salz und Muskat würzen, den Risottoreis hinzufügen und mit Weißwein und Gemüsebrühe ablöschen. Die zweite Zwiebel mit Lorbeerblatt und einer Nelke spicken und zum Risotto geben. Alles bei geringer Hitze zirka 15 Minuten köcheln lassen.

2. Inzwischen den Albkäse reiben und am Ende der Garzeit unter das Risotto heben. Auf Wunsch noch frische Gartenkräuter oder Wildkräuter beifügen und servieren.

mal in den Eiern und den Dinkelbröseln wälzen. Den Albzarella in einer heißen Pfanne im Fett bei schwacher Hitze auf jeder Seite 2 Minuten anbraten.

4. Wildkräutersalat von den Stielen zupfen, waschen und schleudern. Auf Tellern anrichten, Linsenvinaigrette darübergeben und die angebratenen Albzarellascheiben daraufsetzen.

5. Rote-Bete-Chips: Rote Bete roh in dünne Scheiben schneiden, mit Mehl bestäuben und in heißem Fett 1–2 Minuten ausbacken.

[Lautertal-Eis, Indelhausen]

Eisvariation mit Früchten.

Weil von dem Indelhausener Hof zwei Generationen nicht leben konnten, suchten sich die jungen Bauern kurzerhand ein zweites Standbein. So entstand im Jahr 2002 das Lautertal-Eis. Die Milch ihrer zirka 50 Kühe verarbeiten Ralf und Manuela Bachmann zu 13 000 Litern Speiseeis. Bis zu 50 verschiedene Sorten Eis, aber auch Eisbüffets und Eistorten für Gastronomie und Privatleute bieten die Lautertaler inzwischen an. Und das so erfolgreich, dass derzeit neue Gebäude entstehen, um die Produktion auszubauen.

Bei unserem Besuch erläutert Manuela Bachmann uns die einzelnen Produktionsschritte: Zunächst wird die Milch pasteurisiert, das heißt 20 Sekunden bei 74 Grad erhitzt, die Sahne bleibt dabei. Dieser hohe Fettgehalt lässt die cremige Konsistenz des Eises entstehen, keine Quellstoffe werden zugesetzt, keine Konservierungsstoffe zugegeben. Nach dem Pasteurisieren wird pasteurisiertes Eigelb, auch hier ohne Konservierungsstoffe, zugesetzt, dann kommt der Zucker dazu und schließlich die speziellen Fruchtzubereitungen oder Nusscremes. Ins Milcheis werden Früchte als Fruchtkonzentrat gegeben, ins spezielle Joghurteis kommen frische Früchte. Als Verdickungsmittel dienen natürliche pflanzliche Eindicker wie Johannisbrot- und Guarkernmehl.

Fantasievoll, kreativ, innovativ und dabei bodenständig – das ist das Motto der Bachmanns. Keine Frage, dass sie bei dieser Einstellung auch ausgefallene Eissorten wie beispielsweise Thymianeis im Angebot haben.

Lautertal-Eis
Ralf und Manuela Bachmann,
Mühlstraße 1,
72534 Hayingen-Indelhausen
www.lautertal-eis.de

Manuela Bachmann und eine ihrer fantasievollen Eiskreationen.

[Zitronenmelisse]
Melissa officinalis

auch **Bienenfang, Nierenkraut, Darmdichtkraut, Herzkraut, Riechnessel, Zahnwehkraut** genannt

Saison: Juni vor der Blüte, August nach Rückschnitt und Wiederaustrieb

Botanik und Fundort: Die Zitronenmelisse oder kurz gesagt Melisse gehört zu den Lippenblütlern, die durch zahlreiche Aromastoffe gekennzeichnet sind. Die Melisse besitzt ein wunderbares Aroma – schon beim Darüberstreichen! Sie kommt bei uns nicht wild vor, wächst aber gut in jedem Gartenboden in sonniger Lage als winterharte Staude. Selten wintert sie aus, zumeist vermehrt sie sich sehr stark, auch mithilfe ihrer Samen.

Inhaltsstoffe und Heilwirkung: Melisse enthält viele Aromastoffe wie Citral, Citronella, Linalool, Geraniol, außerdem Gerb- und Bitterstoffe, Vitamine, Kalium und andere Mineralstoffe. Sie wirkt krampflösend im Bauchbereich und entspannend auf das Nervenkostüm, sie fördert den Schlaf, stärkt den Magen, kräftigt und ist leicht schweißtreibend. Verwenden Sie lieber Melissentee für von Blähungen geplagte Säuglinge anstelle von Kümmel, Anis, Fenchel. Melisse wirkt zuverlässig und ist deutlich milder. Die beruhigende Wirkung verstärkt die krampflösende. Leider verliert getrocknete Melisse sehr schnell ihre wirksamen Inhaltsstoffe, deshalb sollte sie am besten stets frisch verwendet werden. Im Winter muss man auf einen alkoholischen Auszug zurückgreifen. Melisse wirkt zudem antiviral und wird deshalb gerne in Cremes oder alkoholischen Auszügen (erhältlich in Apotheken) gegen Herpesviren eingesetzt. Beim ersten Bemerken eines Herpesanfluges soll man sofort die Creme oder den Auszug aufbringen, oftmals verschwindet dann der Herpes gleich wieder. Auch beim schon ausgebrochenen Herpes wirkt die Melisse noch gut lindernd und verkürzt die Krankheitsdauer.

Verwendete Pflanzenteile: Blätter

Gesundheitsrezepte: Für einen *Melissentee* 2 TL frische Melisse mit kochendem Wasser übergießen. Kurz ziehen lassen und dann abseihen. *Melissenessenz:* 1 Handvoll frische, zerkleinerte Melissenblätter mit 0,25 l Doppelkorn ansetzen und zirka 14 Tage warm stehen lassen. Anschließend abseihen. Die Essenz lässt sich tropfenweise zur Beruhigung oder gegen Krämpfe einnehmen oder zum Betupfen von Herpesinfektionsstellen verwenden. Ein *Melissenabsud* kann dem Badewasser zugegeben werden oder als Haarspülung oder für schöne Haut verwendet werden. Hierzu wird aus 1 Handvoll Blätter und 250 ml Wasser ein starker Tee gekocht, der dann sogleich verwendet werden kann. *Melissenessig* ergibt eine nach Zitrone schmeckende Alternative zu anderen Essigsorten. Hierzu werden die ganzen Stängel in ein Gefäß gegeben und mit einem leicht erwärmten Essig übergossen. Einige Tage an der Sonne stehen lassen, hierbei immer wieder schütteln oder umrühren. Nach der Ziehzeit abseihen und verwenden.

Aus dem Volksglauben: Schon Paracelsus hat die Melisse gerühmt und sie als Lebenselixier verkauft. Man schreibt ihr zu, die Jugend zurückzubringen und die Dahinsiechenden zu beleben. Ein Kranz aus Melisse soll vor Bienenstichen schützen. Die Imker nutzten das Kraut zum Einreiben der Bienenstöcke, um die Bienen in den Stöcken zu halten. Auch bei Räucherungen, bei denen man um Schutz, Liebe und Heilung bat, durfte die duftende, herzerfrischende Melisse nicht fehlen.

■ Joghurt-Sorbet mit Zitronenthymian *

Zutaten

- **600 g** Naturjoghurt
- **50 ml** Wasser
- **160 g** Zucker
- **22 g** Glucose
- **1** Messerspitze Guarkernmehl (oder weniger)
- **2** Zweige fein gehackter Zitronenthymian

Zubereitung

1. Alle Zutaten gut mixen. Je nach Geschmack mit fein gehacktem Zitronenthymian abschmecken. Die Masse in die Eismaschine geben und durchfrieren.

Dieses Rezept wurde freundlicherweise von Manuela und Ralf Bachmann zur Verfügung gestellt.

■ Zitronen-Sorbet*

Zutaten

- **160 ml** frisch gepresster Zitronensaft
- **320 ml** Wasser
- **180 g** Zucker
- **25 g** Glucose
- **1** Messerspitze Guarkernmehl
- **1 EL** Honig
  Zitronenmelisse

Zubereitung

1. Alle Zutaten gut mixen. Je nach Belieben mit Zitronenmelisse abschmecken. Die Masse in die Eismaschine geben und durchfrieren.

Dieses Rezept wurde freundlicherweise von Manuela und Ralf Bachmann zur Verfügung gestellt.

[Berg Brauerei, Ehingen]

Herr Zimmermann, Braumeister Thomas Müller und Annegret Müller-Bächtle bei der Bierprobe im Reifekeller.

Auch wenn seit Generationen immer wieder Ulrich als Name bei den Brauereieigentümern auftaucht, das weithin bekannte Ulrichsbier heißt nicht danach. Namenspatron ist der Schutzheilige St. Ulrich, zu dessen Ehren alljährlich ein Fest stattgefunden hat, bei dem erstmalig 1911 ein Bier gebraut und ausgeschenkt wurde. Dieses wurde im Laufe der Zeit von den Besuchern des Festes zum Ulrichsbier ernannt. Erst ab 1981 wurde das Ulrichsbier ganzjährig in den kleinen Bügelverschlussfläschchen angeboten.

Vor rund 30 bis 40 Jahren ging es der kleinen Bergbrauerei, wie vielen anderen kleineren Brauereien, nicht gut. Die Zukunft stand auf dem Spiel. Sollten alle nur noch eine Sorte Bier brauen? Entgegen dem damals propagierten Trend entschlossen sich die Zimmermanns dazu, ihr eigenes unverwechselbares Bier in verschiedenen Sorten zu brauen. Zunächst das Ulrichsbier in den Bügelflaschen, dann 1985 das erste Hefeweizen vom Fass. Dies brachte den Durchbruch und legte den Grundstein für den heutigen Erfolg der Brauerei. Bier aus dem Fass wird ohne Kohlensäure gezapft, durch den ins Fass diffundierenden Sauerstoff bekommt das Bier einen anderen Geschmack.

»Bier aus kleinen Brauereien muss anders schmecken und riechen«, erklärt uns Ulrich Zimmermann. »In den 1980er-Jahren entstanden neue Absatzmöglichkeiten durch die Berücksichtigung der Wünsche von Kunden wie beispielsweise Frauen und Wenigtrinker.«

Die Bergbrauerei bekommt ihre Braugerste von 36 Landwirten aus der Umgebung, teilweise sind diese in der Erzeugergemeinschaft Albkorn verbunden. Ulrich Zimmermann kennt seine Lieferanten, gegenseitiges Vertrauen und Wertschätzung verbindet sie. Wichtig ist ihm die Kundennähe zu den Gaststätten, Getränkehändlern und Privatleuten. Ein integrierter, kontrollierter Anbau ist selbstverständlich. Außerdem möchte er keine Vertragszwänge, sondern eine für alle fruchtbare Verbindung.

BERG BRAUEREI

Qualitätsprüfung des Hopfens.

Kontrolle des Sudprozesses.

Herr Zimmermann zeigt uns alte Reifefässer.

Ulrich Zimmermann ist Braumeister, selbst Biertrinker aus Überzeugung und stolz darauf, seine Wurzeln im Handwerk zu haben. Er ist Unternehmer mit Leib und Seele. Ausführlich erklärt er uns, wie Bier entsteht. Sobald die Gerste zu keimen beginnt, wird dieser Prozess gestoppt, um alle wichtigen Enzyme zu erhalten. Durch das Rösten der Gerste entsteht das Malz. Anschließend werden Hefe und Hopfen als Presslinge im Läuterbottich zugegeben. Er erklärt die Unterschiede zwischen einem obergärigen und einem untergärigen Bier. Man merkt ihm die Begeisterung fürs Bierbrauen an, auch beim anschließenden Testen mit seinem Braumeister im Reifekeller.

Das Bier reift kalt bis zu 40 Tage lang. Dies macht den besonderen Geruch und Geschmack aus. Zudem wird das Bier nicht durch Kurzzeiterhitzung konserviert, dies würde nämlich auch wieder den Geschmack verändern. Die Bergbiere sind dadurch nicht ganz so lange haltbar wie andere Biere.

In Berg werden mittlerweile ganzjährig acht verschiedene Sorten gebraut. Saisonal gibt es das »Berg Märzen« im Frühjahr, das »Herbstgold« im September und im November das »Weihnachtsbier«, das »Sankt UlrichsBock« und das »Berg Weizenbock«.

Innerhalb des Bürogebäudes findet sich ein Museum für alte Werkzeuge, Maschinen und Geschichtsdaten zur Brauerei. Die Maschinen und Werkzeuge, die der Vater des heutigen Brauereileiters liebevoll restauriert hat, lassen sich bei einer Besichtigung bestaunen. In der Brauereigaststätte, die aus dem Jahr 1911 stammt und liebevoll renoviert und eingerichtet ist, kann man nicht nur das Bier, sondern auch eine gut bürgerliche Küche genießen.

Berg Brauerei
*Ulrich Zimmermann,
Brauhausstraße 2,
89584 Ehingen-Berg,
Telefon (0 73 91) 77 17 10
www.bergbier.de*

[Hopfen] *Humulus lupulus*

auch Bierhopfen, Zaunhopfen, Hupfen, Hoppen genannt

Saison: Herbst

Botanik und Fundort: Hopfen gehört zur Familie der Hanfgewächse (Cannabaceae). Die Kletterpflanze ist mehrjährig und wächst pro Jahr in Hopfengärten an Klettergerüsten mehrere Meter hoch. Gelegentlich findet man ihn an Hecken, Waldrändern, an feuchten Gebüsch- und Bachrändern.

Inhaltsstoffe und Heilwirkung: Hopfen enthält ätherisches Öl, Gerbstoffe, Humulon, Lupulon, Flavonoide, Mineral- und Bitterstoffe. Dank dieser hervorragenden Mischung kurbelt er die Verdauung an, fördert den Schlaf und beruhigt. Hopfentee hilft bei Verdauungsbeschwerden, Leberleiden, Gelbsucht, Gallenleiden und Nierenleiden. Hopfen wird aber auch als Aphrodisiakum und bei depressiven Verstimmungen eingesetzt. Da er eine östrogenähnliche Wirkung auf den Menschen hat, können pubertierende Mädchen, aber auch erwachsene Frauen und Frauen in der Menopause durchaus vom Hopfen profitieren. Aber auch eine Hopfentinktur wirkt ähnlich, wenn man kein Bier trinken kann oder mag. Im Übrigen gibt es sehr gute alkoholfreie Biere.

Verwendete Pflanzenteile: Zur Bierherstellung werden im Herbst die weiblichen Zapfen geerntet, diese finden auch Verwendung als Heilpflanze für Schlaf- und Beruhigungsmittel. Auch Schlafkissen mit Hopfenfüllung wirken beruhigend, bei Säuglingen hilft ein warmes Hopfenbad gegen Blähungen. Die jungen Triebspitzen können im Frühjahr wie Spargel-Gemüse gegessen werden.

Gesundheitsrezepte: Für *Hopfentee* 2 TL weibliche Blütenzapfen mit 250 ml kochendem Wasser aufgießen und 10 Minuten ziehen lassen. 2 Tassen pro Tag sind ausreichend. Für eine *Tinktur* 2 TL Hopfen mit 100 ml Wodka aufgießen, diese Mischung 10 Tage in der Wärme ziehen lassen und abseihen. Einen Teelöffel vor dem Schlafengehen reicht aus. Für einen *Liebestrank* 3 TL Hopfen mit 500 ml kochendem Wasser übergießen, 15 Minuten ziehen lassen, abseihen. Dann 1 Glas Hopfenwasser mit 1 TL Honig süßen und trinken. Honig und Hopfen verstärken sich in ihrer anregenden Wirkung. Gemischt mit Baldrian, Johanniskraut oder Passionsblume ist der Hopfen häufig in Fertigarzneimischungen zur Beruhigung und zum Einschlafen enthalten.

Aus dem Volksglauben: Hopfen gilt als Symbol der Fruchtbarkeit. Viel Hopfen bedeutet eine reiche Kornernte im folgenden Jahr. Sonne zu Weihnachten verheißt eine gute Hopfenernte. Germanische Götter sollen als Zaumzeug Hopfenranken verwendet haben.

Biervinaigrette

Zutaten

1	Zwiebel
2 EL	gehackte Blattpetersilie oder Bärlauch
20 ml	Bieressig
40 ml	Rapsöl
20 ml	Gemüsebrühe
1 TL	Honig
3 EL	Bier
	Salz, Pfeffer

Zubereitung

1. Die Zwiebel in Würfel schneiden, mit der gehackten Blattpetersilie oder dem Bärlauch und Essig, Öl, Brühe sowie den Gewürzen zu einer Vinaigrette rühren.

TIPP: *Diese Vinaigrette harmoniert sehr gut mit Feldsalat. Zusätzlich können Sie den Salat mit Hopfensprossen garnieren.*

Biersuppe

Zutaten für 5 Personen

2	Zwiebeln
1	Karotte
100 g	Schmalz
150 g	Wildkräuter (zum Beispiel Wilder Majoran, Ysop, Thymian)
1 EL	Tomatenmark
80 g	Mehl
400 ml	Bier
1 l	Brühe
200 ml	Sahne
	Salz, Muskat

Zubereitung

1. Zwiebeln und Karotte würfeln und in einem Topf im Schmalz andünsten.

2. Wildkräuter hacken und in die Pfanne geben. Tomatenmark dazugeben und leicht anrösten.

3. Mit Mehl bestäuben und mit Bier ablöschen. Nun mit der Brühe auffüllen und alles mit der Sahne verfeinern. Zirka 10 Minuten köcheln lassen und dann mit einem Pürierstab mixen und durch ein Sieb passieren. Mit Salz und Muskat abschmecken.

[Dolde Wein, Linsenhofen]

Helmut Dolde macht besondere Weine.

Der Weinanbau in Linsenhofen ist schon etwas Besonderes. Hedwig und Helmut Doldes Weinberge zählen zu den höchstgelegenen in Deutschland und die Reben wachsen auf einem Boden, der einmal Meeresgrund des Jurameeres war. Eine geologische Besonderheit, die auch im Burgund zu finden ist.

Die Rebsorten Silvaner, Spätburgunder, Müller-Thurgau, Weißburgunder und Riesling kommen hervorragend mit dem Klima und dem Boden zurecht.

Weißwein lagert wegen der Frische und Klarheit in Edelstahlfässern. Er hat besonders fruchtige Aromen, die deutlich wahrzunehmen sind. Der Rotwein dagegen braucht Eichenfässer mit langsamem Sauerstoffeintrag, um zu reifen. Helmut Dolde ist hier konsequent regional und verwendet Eichen aus den Wäldern des nahegelegenen Tiefenbachtals, die ihm ein Küfer zu Fässern verarbeitet.

Die besten Rotweine reifen in kleinen Eichenfässern mit 224 l Volumen. Solch ein Fass lässt sich bis zu dreimal mit Rotwein befüllen, dann ist die aromaaktive Schicht im Fassinneren aufgebraucht. Helmut Dolde vermischt Wein aus jüngeren Fässern mit denen aus den älteren, so wird der Barriquegeschmack nicht zu intensiv und der Spätburgunder entfaltet sein eigenes Aroma.

Helmut Dolde ist Gymnasiallehrer für Biologie und Chemie, die Weinbergflächen bewirtschaften er und seine Frau Hedwig zusammen mit Helfern im Nebenerwerb – aus Freude an der Arbeit und aus Freude am Genuss. Viel Handarbeit ist notwendig, nicht zuletzt bei der Weinlese und Pressung.

Hier, im etwas kühleren Klima mit starken Tag-Nacht-Schwankungen, im Unterschied zum klassischen Weinanbauklima, entwickeln die Trauben durch weniger Wärme weniger Zucker, der dann weniger Alkohol zu Folge hat. Trotzdem viel Aroma zu haben, das gelingt den Doldes mit ihren Weinen hervorragend.

Sein besonderes Engagement gilt dem Erhalt der Landschaft mit den wertvollen Streu-

Produktvielfalt von Dolde Wein.

obstwiesen. Das Obst der Streuobstwiesenbauern in der Umgebung verarbeiten die Doldes zu Destillaten und Likören. In liebevoll handkolorierte, formschöne Flaschen gefüllt, zeigen diese Köstlichkeiten, welche Schätze auf den Wiesen schlummern.

Hier gehört auch der Schaumwein aus einer alten, sehr selten gewordenen »Schwarzen Birne« dazu. Durch die Schaumweinherstellung konnten die wenigen Bäume gerettet werden. Den Obstbaumeigentümern wird durch einen entsprechenden Ankaufspreis ein finanzieller Anreiz gegeben, sich auch weiterhin um die wertvollen Streuobstwiesen zu kümmern.

Das Sortiment der Doldes wird ergänzt von Perlweinen, die aus verschiedenen Birnen und Äpfeln sowie Riesling gemischt werden.

Hedwig und Helmut Dolde – Wein und Destillate
*Beurener Straße 16,
72636 Frickenhausen-Linsenhofen,
Telefon (0 70 25) 49 82,
www.doldewein.de*

[Ananassalbei] *Salvia rutilans*

Saison: Mai bis September

Botanik und Fundort: Der stark nach Ananas duftende und schmeckende Salbei kommt ursprünglich aus dem Hochland von Mexiko. Die Pflanze ist bei uns nicht winterhart, kann aber gut im Kübel im Haus überwintert werden. Den Sommer über erfreut sie uns mit knallroten Blütenständen. Dieser Salbei ist keine Heilpflanze. Zur Bereicherung der Aromen in der Teeküche und bei den Süßspeisen lässt er sich aber wunderbar einsetzen.

Verwendete Pflanzenteile: Blätter und Blüten

Gesundheitsrezepte: Man kann ihn gut mit anderen Minzarten oder mit der Zitronenverbene zu einem fruchtig-frischen *Sommertee* mischen. Dazu von jeder Pflanze einige Blätter frisch ins kochende Wasser geben, 5 Minuten ziehen lassen und abseihen. Gut gekühlt dient diese Mischung auch als Eistee.
Fruchtgelee: Zirka 10 bis 20 Blätter in Saft oder in zirka 1 l Wasser geben, erhitzen und 10 Minuten kochen. Anschließend die Blätter entfernen, die Flüssigkeit mit 500 g »2:1«-Gelierzucker versetzen, entsprechend den angegebenen Kochzeiten nochmals zirka 3 bis 4 Minuten aufkochen und luftdicht in Gläser füllen und verschließen.

TIPP: *Die essbaren Blüten eignen sich als Dekoration von Süßspeisen oder als duftender Blütenschmuck in Potpourris.*

DOLDE WEIN

■ Rehrückenmedaillons mit Ananassalbei, Schinken und Schlehensoße

Zutaten für 5 Personen

500 g	Rehrücken
15	dünne Wacholderschinkenscheiben
15	Ananassalbeiblätter
100 g	Butterschmalz
200 g	Schlehen (am besten welche, die schon Frost hatten)
0,1 l	Rotwein
	Rosmarin, Zitronenthymian
0,4 l	Rehfond
	Salz, Pfeffer

Zubereitung

1. Rehrücken abparieren und in zirka 50 g schwere Medaillons schneiden. Leicht plattieren, mit Salz und Pfeffer würzen. Mit den Blättern des Ananassalbeis und den Wacholderschinkenscheiben belegen.

2. In eine heiße Pfanne Butterschmalz geben und das Fleisch mit der Schinkenseite zuerst anbraten. Dann umdrehen. Auf beiden Seiten jeweils 2 Minuten anbraten, dann für 8 Minuten in den Backofen bei 150 °C geben.

3. In der Zwischenzeit Schlehen mit Rosmarin und Zitronenthymian im Rotwein weichkochen und mit dem Rehfond auffüllen. Zirka 15 Minuten köcheln lassen und mit Salz und Pfeffer abschmecken.

TIPP: Dazu passen Spätzle sehr gut, auch abgewandelt mit Haselnüssen oder frischen Kräutern. Als Gemüsebeilage eignet sich winterliches Gemüse wie Rahmwirsing oder Rosenkohl.

DOLDE WEIN

■ Linsenhofener Apfel-Weißwein-Sabayon

Zutaten für 5 Personen

4	*Eigelb*
100 g	*Zucker*
1/2	*Vanilleschote*
	Abrieb von 1/2 Zitrone
0,2 l	*trockener Weißwein*
4 EL	*Apferol, wenn vorhanden (alternativ Hagebuttensherry)*
1	*großer säuerlicher Apfel*
15	*Honigkleeblüten*

Zubereitung

1. Eigelb mit dem Zucker und der ausgekratzten Vanilleschote, dem Abrieb von einer halben Zitrone, dem Weißwein und dem Apferol verrühren. Auf dem heißen Wasserbad zirka 3 bis 5 Minuten schaumig rühren.

2. Den Apfel in feine Würfel schneiden und gemeinsam mit den Honigkleeblüten zur Sabayon geben. Mit Früchten oder zu einem Lautertaleis servieren.

■ Rosenwasserweinschaum

Zutaten für 5 Personen

8	*Eigelb*
150 g	*Zucker*
0,2 l	*Weißwein (zum Beispiel Silvaner von Dolde Wein)*
	Abrieb von 1 Zitrone
	Mark von 1 Vanilleschote
0,1 l	*Rosenwasser*

Zubereitung

1. Eigelb, Zucker, Weißwein, Zitronenabrieb und das Mark der Vanilleschote auf einem heißen Wasserbad schaumig schlagen, bis die Masse schön cremig ist. Das Rosenwasser zum Schluss dazugeben, damit es sein einzigartiges Aroma nicht verliert. Über frische Früchte geben und mit Eis oder mit Halbgefrorenem servieren.

Rhabarbergrütze mit frischen Erdbeeren

Zutaten für 5 Personen

1 kg	Rhabarber
350 g	Zucker
1/2	Vanilleschote
100 ml	Weißwein (zum Beispiel Silvaner Weißer Jura von Dolde Wein)
20 g	Vanillepuddingpulver
500 g	frische Erdbeeren
	Minze, Puderzucker, frittierte Spaghetti zum Garnieren

Zubereitung

1. Rhabarber waschen, schälen und die Schalen mit 100 g Zucker einzuckern. Den geschälten Rhabarber in feine Scheiben schneiden und mit 200 g Zucker einzuckern. Die halbe Vanilleschote auskratzen, das Mark zu den Rhabarberscheiben geben und die Vanilleschote zu den Schalen. Schalen und den geschnittenen Rhabarber mindestens eine halbe Stunde ziehen lassen.

2. Rhabarberschalen in einer Sauteuse auskochen, passieren und den Fond zum Auffüllen der Grütze aufheben.

3. 50 g Zucker leicht karamellisieren und mit Weißwein ablöschen. Mit dem ausgekochten Fond und dem abgegossenen Saft des geschnittenen Rhabarbers auffüllen. Alles kochen lassen, bis sich der Zucker auflöst und mit in Wasser angerührtem Puddingpulver abbinden. Die Rhabarberscheiben dazugeben und einmal aufkochen lassen.

4. Ausgekühlte Rhabarbergrütze mit Erdbeeren, Puderzucker, Minze und frittierten Spaghetti garnieren und servieren.

DOLDE WEIN

[Soßen und Vinaigrettes]

■ Fleischbrühe/Consommé

Zutaten für 1 Liter

- 500 g Rinderknochen
- 1 halbierte Zwiebel mit Schale
- etwas Fett
- 1 Lorbeerblatt
- 2 Wacholderbeeren
- 2 zerdrückte Pfefferkörner
- 3 l Wasser
- 200 g Karotten, Sellerie und Lauch
- Salz, Muskat

Zubereitung

1. Rinderknochen blanchieren und in kaltem Wasser abschrecken. Die halbierte Zwiebel mit Fett gut braun anbraten. Knochen und Gewürze zugeben und mit kaltem Wasser auffüllen. Bei mittlerer Hitze 1,5 bis 2 Stunden köcheln lassen, immer wieder abfetten und die Trübstoffe abschöpfen.

2. In der Zwischenzeit das Gemüse vorbereiten. Dazu Karotten, Sellerie und Lauch in nussgroße Stücke schneiden. Zur Brühe geben und zirka 30 Minuten bis 1 Stunde kochen lassen.

3. Die Brühe durch ein Passiertuch schütten und vor der Weiterverarbeitung am besten über Nacht auskühlen lassen.

SOSSEN UND VINAIGRETTES

■ Bratensoße/Jus

Zutaten für 1 Liter

- 1 kg Kalbsknochen und Kalbsparüren
- 40 g Fett zum Anbraten
- 200 g Röstgemüse (1 Zwiebel, 1/2 Karotte, 1/4 Sellerie und 1/4 Stange Lauch)
- 1/2 TL Paprika edelsüß
- 1 Zweig Thymian
- 2 zerdrückte Pfefferkörner
- 1 Wacholderbeere
- 1 Lorbeerblatt
- 30 g Tomatenmark
- 0,3 l Rotwein
- 1,5 l Wasser
  Salz

Zubereitung

1. Kalbsknochen und Parüren in Fett scharf anrösten.
2. Das Röstgemüse würfeln und bis auf den Lauch dazugeben, alles gut anrösten und kurz vor dem Tomatisieren Lauch und Gewürze unterrühren.
3. Tomatenmark hinzufügen und alles mit Rotwein mindestens dreimal ablöschen, anschließend mit Wasser auffüllen.
4. 1 Stunde bei niedriger Hitze leicht kochen lassen und auf ein Drittel reduzieren. Ab und zu mit einer Schöpfkelle das Fett am Rand abschöpfen.
5. Abschmecken und durch ein Passiertuch streichen.

■ Wildgrundsoße/Wildjus

Zutaten für 1 Liter

1 kg	Wildknochen und Wildparüren
40 g	Fett zum Anbraten
200 g	Röstgemüse (1 Zwiebel, 1/2 Karotte, 1/4 Sellerie und 1/4 Stange Lauch)
1/2 TL	Paprika edelsüß
0,3 l	Rotwein
1,5 l	Wasser
2	zerdrückte Pfefferkörner
1	Wacholderbeere
1	Lorbeerblatt
2	Nelken
30 g	Tomatenmark
	Salz

Zubereitung

1. Wildknochen und Parüren in Fett scharf anrösten.
2. Das Röstgemüse würfeln und bis auf den Lauch dazugeben. Alles gut anrösten und kurz vor dem Tomatisieren Lauch und Gewürze dazu geben.
3. Tomatenmark hinzufügen und mit Rotwein mindestens dreimal ablöschen. Anschließend mit Wasser auffüllen.
4. 1 Stunde bei niedriger Hitze leicht kochen lassen und auf ein Drittel reduzieren. Ab und zu mit einer Schöpfkelle das Fett am Rand abschöpfen.
5. Abschmecken und durch ein Passiertuch streichen.

■ Gemüsebrühe

Zutaten für 1 Liter

1	Zwiebel
1/2 EL	Pflanzenfett
20 g	Butter
	Gemüse (zum Beispiel Karotten, Lauch, Sellerie)
	Kräuterstiele (zum Beispiel Petersilie, Thymian, Rosmarin)
1	Lorbeerblatt
2–3	Wacholderbeeren
1	Nelke
1–2 l	Wasser
	Salz, Pfeffer

Zubereitung

1. Zwiebel halbieren und eine Hälfte im Pflanzenfett mit Schale scharf und dunkel anrösten. Gemüse in Würfel schneiden und mit den Kräuterstielen leicht anschwitzen. Die andere Hälfte der Zwiebel und die Gewürze dazugeben. Lorbeer, Wacholder und Nelke dazugeben. Mit Wasser auffüllen, bis das Gemüse bedeckt ist, langsam aufkochen lassen. Noch einmal abschmecken und durch ein Passiertuch streichen.

SOSSEN UND VINAIGRETTES

Fischvelouté/Helle Fischsoße

Zutaten für 500 ml

500 g	Fischkarkassen (Fischreste)
100 g	helles Röstgemüse (Zwiebeln, Sellerie und Lauch)
50 g	Margarine
2	zerdrückte Pfefferkörner
1	Wacholderbeere
1	Lorbeerblatt
50 ml	Weißwein
50 ml	Noilly Prat
500 ml	Wasser
	Saft von 1/2 Zitrone
	Salz

Zubereitung

1. Fischkarkassen kalt wässern, um die Trübstoffe abzuwaschen.

2. Zwiebeln, Sellerie und Lauch würfeln. Margarine in einem Topf erhitzen und darin das Gemüse und die Karkassen anschwitzen.

3. Gewürze dazugeben, mit Weißwein und Noilly Prat ablöschen. Mit Wasser auffüllen, bis die Fischreste knapp bedeckt sind.

4. Bei geringer Hitze zirka 30 Minuten kochen lassen, immer wieder mit einer Schöpfkelle die Trübstoffe abschöpfen, vom Herd nehmen. Zirka 10 Minuten ziehen lassen.

5. Eventuell noch einmal mit Salz und Zitronensaft abschmecken und durch ein Passiertuch streichen.

Geflügelgrundsoße

Zutaten für 1 Liter

1 kg	Geflügelkarkassen und Geflügelparüren
40 g	Fett zum Anbraten
200 g	Röstgemüse (1 Zwiebel, 1/2 Karotte, 1/4 Sellerie und 1/4 Stange Lauch)
2	zerdrückte Pfefferkörner
1/2 TL	Paprika edelsüß
1	Wacholderbeere
1	Lorbeerblatt
1	Nelke
1	Zweig Thymian
30 g	Tomatenmark
0,3 l	Rotwein
1,5 l	Wasser
	Salz

Zubereitung

1. Geflügelkarkassen und Parüren in Fett scharf anrösten.

2. Das Röstgemüse würfeln und bis auf den Lauch dazugeben, alles gut anrösten und kurz vor dem Tomatisieren Lauch, Kräuter und Gewürze dazu geben.

3. Tomatenmark hinzufügen und alles mit Rotwein mindestens dreimal ablöschen, anschließend mit Wasser auffüllen.

4. 1 Stunde bei niedriger Hitze leicht kochen lassen und auf ein Drittel reduzieren. Ab und zu mit einer Schöpfkelle das Fett am Rand abschöpfen.

5. Abschmecken und durch ein Passiersieb streichen.

Kürbispesto

Zutaten

350 g	Kürbis
80 g	Pinienkerne
1	Knoblauchzehe
25 ml	Gemüsebrühe
60 ml	Kürbiskernöl
50 g	Albkäse
	Salz

Zubereitung

1. Kürbis schälen, in Würfel schneiden und in Salzwasser blanchieren. Sobald der Kürbis weich ist, abgießen und abkühlen lassen.

2. In der Zwischenzeit Pinienkerne in einer Pfanne ohne Fett anrösten, Knoblauch in feine Würfel schneiden und mit Gemüsebrühe sowie etwas Salz zum Kürbis geben. Mit einem Pürierstab durchmixen und das Kürbiskernöl unterrühren.

3. Den Albkäse reiben und unterheben. Das Kürbispesto passt hervorragend zu Nudeln oder frisch gebratenem Fisch und eignet sich zudem auch zum Überbacken von kurzgebratenem Fleisch oder Fisch.

SOSSEN UND VINAIGRETTES

■ Quittenchutney

Zutaten

125 g	Zwiebeln
750 g	Quitten
750 g	Äpfel
50 g	Rosinen
25 ml	Rum
25 g	gehobelte Mandeln
5 g	Koriander
½ EL	Ingwer
½ EL	Salz
½ TL	Zimt
	Muskat
1 EL	Essig
350 g	Honig

Zubereitung

1. Zwiebeln, Quitten und Äpfel in feine Würfel schneiden. Rosinen in Rum einlegen, gehobelte Mandeln in einer Pfanne ohne Fett rösten.

2. Die restlichen Gewürze und Zutaten abmessen und alle Zutaten in einem Topf anschwitzen und zirka ½ Stunde langsam garen lassen, bis die Quitten weich sind.

■ Holundervinaigrette

Zutaten

2	Schalotten
1	Apfel
20 g	Honig
50 ml	Holunderblütenessig
35 ml	Bucheckernöl
35 ml	Rapsöl
70 ml	Gemüsebrühe
40 ml	Holundersaft oder Holundermark
	Salz, Pfeffer

Zubereitung

1. Schalotten in feine Würfel schneiden und den geschälten Apfel fein dazureiben. Honig, Salz, Pfeffer, Holunderblütenessig, Bucheckernöl, Rapsöl, Gemüsebrühe und Holundersaft untermengen und aufmixen. Diese Vinaigrette passt hervorragend zu einem Wildkräuter- oder Feldsalat.

Anhang

■ Kleines Wildkräuter-Glossar

Aufguss = einfachste Art der Zubereitung = Tee
Pro Tasse wird/werden 1 TL Blüten und/oder Blätter mit kochendem Wasser übergossen und nach 3- bis 5-minütigem Ziehen abgeseiht und noch heiß schluckweise getrunken.

Abkochung = Dekokt
Starke Blätter, Stängel, Früchte und Wurzeln bringt man zum Kochen und lässt sie etwa 15 Minuten köcheln, danach abseihen und trinken. Die Früchte von Kümmel, Anis und Fenchel bitte vor dem Kochen zusätzlich im Mörser zerstoßen.

Kaltwasserauszug = Mazerat
Schleimhaltige Pflanzen wie die Eibischwurzel weicht man einige Stunden in kaltem Wasser ein und erwärmt sie vor dem Trinken nur ganz leicht.

Umschläge und Kompressen
Man bereitet einen stärkeren Teeaufguss aus 2 TL pro Tasse zu, tränkt Tücher mit dem Tee und legt diese auf die zu behandelnde Stelle. Je nachdem, ob Kälte oder Wärme guttut, lässt man den Aufguss abkühlen oder verwendet ihn heiß.

Kräuterbad
Auch hierfür benötigt man einen starken Teeaufguss aus 2 bis 3 TL Pflanzenteilen pro Tasse. In der Regel kocht man 1 l Tee für ein Vollbad.

Tinktur
200 g getrocknete oder 400 g frische Kräuter auf 1 l guten Korn oder Wodka. Der Alkoholgehalt soll zwischen 30 und 40 % liegen. Bei Wurzeln ist der 40-prozentige Alkohol vorzuziehen.

Öl
Man benötigt so viel Öl, dass die Kräuter im Glas gut bedeckt sind. Bitte jeden Tag die Kräuter ins Öl drücken, damit sie nicht an die Luft gelangen und eventuell schimmeln können. Konservierung des Öls mit Vitamin E aus der Apotheke: 10 Tropfen Vitamin E auf 100 ml fertiges Kräuteröl.

Giftnotrufnummer für Vergiftungsfälle
Freiburg: Telefon (07 61) 1 92 40
München: Telefon (0 89) 1 92 40

ANHANG

Literatur

Scott Cunningham, Enzyklopädie der magischen Kräuter, Schirner, Darmstadt 2006

Steffen Guido Fleischhauer, Kleine Enzyklopädie der essbaren Wildpflanzen, AT Verlag 2010

Staudengärtnerei Gaissmayer Illertissen, Zauberkräuter-Katalog

GU-Naturführer: Heilpflanzen einfach und sicher bestimmen, Gräfe & Unzer, München 2005

Siegrid Hirsch und Felix Grünberger, Die Kräuter in meinem Garten, Freya, Linz 2009

Marie-Luise Kreuter, Kräuter, Kräuter, Kräuter für Garten, Balkon und Terrasse, blv, München 2006

Schmeil-Fitschen, Flora von Deutschland und seinen angrenzenden Gebieten, Quelle & Meyer, Heidelberg 1973

Die Autoren

Jürgen Autenrieth, Jahrgang 1965, aufgewachsen in einer in Münsingen verwurzelten Gastronomiefamilie im »Gasthof Herrmann«. Nach erfolgreicher Kochausbildung bei Ernst Fischer (an dieser Stelle ein herzliches Dankeschön) im »Restaurant Rosenau« in Tübingen und nach weiteren Stationen in Zürich, Tegernsee, Mitteltal und Frankfurt schloss Jürgen Autenrieth seine Ausbildung mit der Küchenmeisterprüfung in Baden-Baden 1990 ab. Seit 1992 ist er zusammen mit seinem Bruder Rainer Inhaber des elterlichen »Gasthofs Herrmann« in Münsingen. Durch die Verbundenheit mit der Natur seiner Heimat, der Schwäbischen Alb, wuchs Autenrieths Interesse an den sogenannten »Unkräutern«. Ein besonderer Dank gilt seiner Mutter, die den Kräutergarten für die Restaurantküche hegt und pflegt.

Rainer Fieselmann, geboren 1943, hat sich seit vielen Jahren als Bildjournalist auf Landschafts- und Städteaufnahmen aus Baden-Württemberg spezialisiert. Er lebt in Eningen unter Achalm.

Annegret Müller-Bächtle, Jahrgang 1964, Gärtnermeisterin im Fachbereich Stauden und Heilpraktikerin mit eigener Praxis in Münsingen mit Therapieschwerpunkt Kräuterheilkunde. Ausbildung in Traditioneller Chinesischer Medizin mit Heilkräutern und Tuina-Massage. Ergänzend hierzu verordnet sie homöopathische, spagyrische Medikamente sowie Schüssler-Salze und Bachblüten. Seit 2007 bietet Annegret Müller-Bächtle ein umfangreiches Seminarangebot rund um Pflanzen, Gärten und Kräuter an.
www.naturheilpraxis-mueller-baechtle.de
www.albkraeuter.de

Alexander Schulz, 1982 geboren in Kasachstan (Borodulicha), 1989 ausgesiedelt nach Deutschland und aufgewachsen in Magolsheim/Münsingen. Nach erfolgreicher Ausbildung zum Koch 2002 bei Jürgen Autenrieth (an dieser Stelle ein herzliches Dankeschön) im »Gasthof Herrmann« und einigen anschließenden Stationen ist er seit 2008 wieder im »Gasthof Herrmann«. Seit 2010 zaubert er als Küchenchef saisonale Gerichte aus den Produkten der Region und befindet sich momentan in der Ausbildung zum Küchenmeister.

Gerichte, Pflanzen und Erzeuger

Alb-Käsesuppe mit Silvaner und Mädesüß 112
Alblinsen 37
Albsinth-Schaum 98
Altschulzenhof, Münzdorf 108
Ananassalbei 136
Apfel-Weißwein-Sabayon 139
Baguette mit Coppa, Kräuterfrischkäse und Wiesenbärenklau 107
Bauernhof Schmid, Bremelau 102
Beifuß 93
Berg Brauerei, Ehingen 128
Biersuppe 133
Biervinaigrette 132
Bratensoße 143
Chicorée überbacken mit Chilibrie auf Blattspinat 115
Chili-Wildkräuter-Espuma mit Croûtons 16
Consommé 142
Demeterhof Kloker, Bremelau 38
Dinkel-Kaiserschmarrn 28
Dinkel-Müsli mit Steinklee 105
Dinkel-Spätzle 27
Dolde Wein, Linsenhofen 134
Ehestetter Champignons 56
Eichberghof Maier, Münsingen 10
Engelwurz 70
Entenbrust an Hagebuttensoße mit Wildkräutersalat 86
Feldthymian 83
Fischsoße 145
Fischvelouté 145
Flachswickel 31
Fleischbrühe 142
Forellenzucht Honau 90
Gebackene Champignons im Günsel-Backteig 62

Gebratene Gänseleber mit Orangenthymian und Feldsalat 89
Geflügelgrundsoße 146
Geflügelhof Vöhringer, Steingebronn 80
Gefüllte Portabello mit Linsenmousse und Huflattich auf Karottensesamschaum 62
Gemüsebrühe 144
Geschnetzeltes vom Alblamm mit Ehestetter Pilzen und Engelwurz 78
Getreidemühle Luz, Buttenhausen 22
Griebenschmalz 27
Guter Heinrich 82
Haselnuss-Spätzle 64
Hohensteiner Hofkäserei, Ödenwaldstetten 116
Holundervinaigrette 147
Honauer Forellenmatjes mit Boskoop, Zwiebelsoße und roter Melde 101
Hopfen 131
Huflattich 58
Huflattich-Champignon-Salat mit Zuckerschoten auf Rote-Bete-Carpaccio 61
Joghurt-Panna cotta mit Steinklee 106
Joghurt-Sorbet mit Zitronenthymian 126
Jus 143
Käsecreme auf Dinkelbaguette 112
Käserisotto 121
Kornbauer Glück, Meidelstetten 32
Kriechender Günsel 60
Kürbis-Kartoffel-Püree 48
Kürbispesto 146
Lachsforellenfilet geräuchert an Albsinth-Schaum auf Perlgraupenrisotto 98
Lamm-Maultaschen mit Ziegenkäseschaum und Orangenthymian 74
Lammragout 76
Lammrücken mit Wegwarte 76

ANHANG

Landgockelbrust Albzarella mit Blattspinat oder
  Gutem Heinrich und Orangensoße 84
Landgockelfrikassee mit Karotten, jungen Erbsen
  und Ysop 20
Lautertal-Eis, Indelhausen 122
Linsenflädle mit Wiesenbärenklau 36
Mädesüß 110
Meidelstetter Balsamico-Linsensalat mit
  Wiesenbärenklau und Wacholderschinken 35
Melde 94
Orangen-Hagebutten-Vinaigrette 86
Pastinake 40
Pastinaken-Bananen-Suppe 46
Petersilienwurzel 43
Petersilienwurzel-Panna cotta mit
  Rhabarberchutney 54
Pimpinelle 96
Quarkplinsen 30
Quittenchutney 147
Rehragout mit Rahmchampignos und
  Haselnuss-Spätzle 64
Rehrückenmedaillons mit Ananassalbei, Schinken
  und Schlehensoße 137
Rhabarbergrütze mit frischen Erdbeeren 140
Rinderfilet mit Topinamburpüree, Grillgemüse,
  Bärlauchpesto und Chips 50
Rinderkutteln mit Bratkartoffeln 49
Rosenwasserweinschaum 139
Rostbraten im Wildkräuterbrotteig 52
Rote-Bete-Carpaccio mit Wildkräutersalat und
  gebackenem Ziegenfrischkäse 15
Salbei 119
Sauerbraten vom Alblamm in Apfelsöße 77
Schabzigerklee 12
Schabzigerspätzle 19
Schäfer Stotz, Münsingen 68

Schwäbische Minestrone mit handgeschabten
  Spätzle und Perlgraupen 47
Spinatstrudel mit Kartoffeln und Pinienkernen 48
Steinklee 104
Topinambur 44
Vanillewaffeln 30
Vesperbrot 25
Vitello tonnato mit Pimpinelle 97
Wacholder 24
Wacholderweckle mit Sesam 26
Wegwarte 72
Wiesenbärenklau 34
Wildgrundsoße/Wildjus 144
Wildkräutersalat an Linsenvinaigrette mit
  gebackenen Albzarellascheiben 120
Wildschweinrücken auf Holundersoße mit
  Pastinaken-Kartoffel-Püree 53
Wildschweinrückenmedaillons mit
  Champignonkruste überbacken auf Kürbis-
  Schupfnudeln 67
Ysop 13
Zitronenmelisse 125
Zitronen-Sorbet 126

Regionale Vielfalt für Genießer

In Ihrer Buchhandlung

Jürgen Autenrieth, Annegret Müller-Bächtle, Rainer Fieselmann

Bärlauch, Salbei, Gundermann

Kochen mit Wildkräutern der Schwäbischen Alb

Hirtentäschel, Giersch, Wiesenbocksbart und Sauerampfer – das sind nur einige der vielen Kräuter, die das Jahr über wild auf dem schwäbischen Hausgebirge gedeihen. Die Heilpraktikerin Annegret Müller-Bächtle und der Münsinger Koch und Gastronom Jürgen Autenrieth haben die wohlschmeckendsten und gesündesten Wildkräuter gesammelt und in der Küche zu köstlichen Gerichten verarbeitet. Die stimmungsvollen Farbfotografien von Rainer Fieselmann runden diesen Band vortrefflich ab.

Mit einem Geleitwort von Roman Lenz.
160 Seiten, 133 Farbaufnahmen, fester Einband.
ISBN 978-3-87407-864-1

Rolf Maurer

Spitzkraut, Landschwein, Höri-Bülle

Gaumenfreuden aus Baden-Württemberg wiederentdeckt. Mit zahlreichen Rezepten von Meisterköchen

Höri-Bülle, Alb-Linse, Hinterwälderrind – alte, wiederentdeckte Gaumenfreuden liegen im Trend. Mit der Rückbesinnung auf regionale Produkte finden diese alten Obst-, Gemüse- und Getreidesorten sowie Nutztierrassen inzwischen viele Liebhaber. Kenntnisreich und unterhaltsam erzählt der Fernsehjournalist Rolf Maurer von der spannenden (Kultur-)Geschichte der so genannten Renaissance-Lebensmittel aus Baden-Württemberg. Gleichzeitig zeigen Spitzenköche an ausgewählten Rezepten, wie sich Höri-Bülle & Co. zu tollen Gerichten verarbeiten lassen.

136 Seiten, 103 Farbaufnahmen, fester Einband.
ISBN 978-3-8425-1100-2

Silberburg-Verlag
www.silberburg.de